BEAUX
DESSINS

ANCIENS ET MODERNES

PARIS. — IMPRIMERIE PILLET ET DUMOULIN

5, RUE DES GRANDS-AUGUSTINS, 5

CATALOGUE

DE

BEAUX DESSINS

ANCIENS ET MODERNES

DES ÉCOLES

ALLEMANDE, FLAMANDE, HOLLANDAISE, ITALIENNE, FRANÇAISE, ETC.

PARMI LESQUELS DES ŒUVRES REMARQUABLES

Par Durer, Rembrandt, Van Dyck, Canaletti, Raphaël Sanzio, Boucher, Poussin, Cl. Lorrain, Ingres, E. Lami, etc.

MANUSCRITS

PROVENANT DES BIBLIOTHÈQUES DIDOT ET BANCEL

ESTAMPES

Composant la Collection de M. le Baron de B.

VENTE HOTEL DROUOT, SALLE N° 3

Les Lundi 16, Mardi 17, Mercredi 18 et Jeudi 19 Février 1885

A DEUX HEURES

Mᵉ MAURICE DELESTRE	M. CLEMENT
COMMISSAIRE-PRISEUR	MARCHAND D'ESTAMPES DE LA BIBLIOTHÈQUE NATIONALE
Rue Drouot, n° 27.	Rue des Saints-Pères, n° 3

Chez lesquels se trouve le présent Catalogue.

Exposition publique le Dimanche 15 Février 1885

DE DEUX HEURES A CINQ HEURES

CONDITIONS DE LA VENTE

La vente se fera au comptant.

Les acquéreurs payeront *cinq pour cent* en sus des enchères, applicables aux frais.

ORDRE DES VACATIONS

Lundi	**16 Février.**	— École italienne.....	N⁰ˢ	1	à	51
»	»	» — » A. F. et H.....		127	à	178
»	»	» — » française.....		257	à	307
Mardi	**17**	» — École italienne.....		52	à	103
»	»	» — » A. F. et H...		179	à	229
»	»	» — » française.....		308	à	360
Mercredi 18		» — École italienne.....		104	à	126
»	»	» — » A. F. et H....		230	à	256
»	»	» — » française.....		361	à	451
»	»	» — Les manuscrits A. F.				

A la fin de chaque vacation il sera vendu quelques Dessins en feuilles ou encadrés, qui n'ont pas été catalogués.

Jeudi 19 Février. — Estampes.......... N⁰ˢ 452 à la fin.

MANUSCRITS

a. — HORÆ. — Petit in-8 carré, de 215 ff.; miniatures, bordures et lettres ornées; mar. rouge, fil., tr. dor. et cis. (*anc. rel.*). £. 1050

Charmant manuscrit sur VÉLIN, exécuté en Italie au commencement du quinzième siècle et orné de CINQ GRANDES MINIATURES, de CINQ LETTRES HISTORIÉES et d'un grand nombre d'initiales enluminées.

Les peintures sont toujours disposées par deux pages en regard, entourées de riches bordures : d'un côté est la miniature principale, de l'autre l'initiale historiée de l'office correspondant et dont le sujet dérive directement de celui de la précédente.

La première peinture, qui suit le calendrier (f. 73 v°), représente l'ANNONCIATION A LA VIERGE, sous un portique par l'ouverture duquel on voit une verte campagne. L'initiale D de la page en regard renferme une figure de *Madone tenant l'Enfant Jésus sur les genoux.* Dans le bas de l'encadrement, un écusson dont les armoiries sont effacées.

La seconde miniature (f. 100 v°) est un délicieux

petit tableau, d'une grande finesse de pinceau et d'un coloris séduisant. Elle a pour sujet LES TROIS VIFS ET LES TROIS MORTS. Trois jeunes seigneurs à pied, dont l'un porte un faucon sur le poing, se trouvent subitement en présence de trois cercueils d'où se dressent des squelettes (un seul est visible). A gauche, *s. Macaire*, dont on voit l'ermitage, sermonne les jeunes gens. L'initiale D de la page en regard offre l'image du même saint anachorète tenant une tête de mort.

La troisième peinture (f. 157 v°) représente JÉSUS EN CROIX, au pied duquel la Vierge et s. Jean se tiennent debout. L'initiale D de la page en regard renferme aussi la figure du *Christ crucifié.*

La quatrième (f. 184 v°) nous montre la VIERGE, s. JEAN ET LA MADELEINE AUPRÈS DU CORPS DE JÉSUS tenu dans la position assise sur le couvercle tumulaire. L'initiale D de la page en regard ne renferme qu'une simple croix d'or sur un fond pourpre diapré de blanc, et dans l'encadrement est un petit médaillon avec une tête de Christ peinte en blanc sur fond écarlate.

La cinquième miniature (f. 189 v°) a pour sujet DAVID COUPANT LA TÊTE A GOLIATH, et l'initiale D de la page en regard renferme l'image du *Roi psalmiste* JOUANT DE LA CITHARE.

Ces peintures accusent la main d'un artiste de grand talent; la science du nu y est remarquable, le coloris doux et harmonieux. La mention au calendrier de la fête de la dédicace de l'église de Saint-Marc (8 oct.), et cela en lettres rouges, semble dénoter une origine vénitienne, mais l'art nous paraît plutôt florentin.

Les encadrements sont formés par une combinaison de rinceaux, de feuillages et de fleurs se soudant gracieusement ou sortant de vases tenus par des anges. Les nuances employées de préférence sont le vert, le rose et le bleu, dont les tons discrets sont relevés par l'éclat de l'or.

Le texte, écrit en beaux caractères gothiques, est orné d'un grand nombre d'initiales, dont les unes richement enluminées en or et en couleur, et d'autres monochromes, en rouge, azur ou or, sur fonds diaprés d'azur ou de carmin, avec de longs filaments courant sur les marges.

Très belle conservation.

b. — HORÆ. — In-16 carré, de 157 ff. et plusieurs blancs ; miniatures, bordures et lettres ornées; velours rose.

Joli manuscrit sur VÉLIN, exécuté en France, dans la première moitié du quinzième siècle, pour le roi RENÉ II D'ANJOU, on peut-être même plutôt pour sa fille, MARGUERITE D'ANJOU, épouse de Henri VI, roi d'Angleterre.

Il est orné de TRENTE-HUIT miniatures. Vingt-quatre d'entre elles, très fines, décorent le bas des pages du calendrier, et sont enchâssées dans des bordures en branches filiformes à feuillage doré ; elles représentent, selon l'usage, les signes du zodiaque et les occupations de la vie champêtre. Ce calendrier est en français, écrit en or, azur et carmin.

Les autres miniatures ont 50 millimètres de hauteur sur 33 de largeur, la page entière comptant 90 millimètres de haut sur 65 de large. Leurs sujets sont: 1° *s. Jean dans l'île de Patmos* (f. 13 r°) ; — 2° *s. Luc* (f. 15 v°) ; — 3° *s. Mathieu* (f. 18 r°) ; — 4° *s. Marc* (f. 20 v°) ; — 5° la *Nativité* (f. 26 r°) ; — 6° la *Visitation de sainte Élisabeth* (f. 39 v°) ; — 7° la *Descente du Saint-Esprit* (f. 58 v°) ; — 8° l'*Annonciation aux bergers* (f. 67 r°) ; — 9° *sainte Marguerite* (f. 74 r°) ; — 10° la *Fuite en Égypte* (f. 85 v°) ; — 11° le *Couronnement de la Vierge* (f. 95 r°); — 12° *s. Jean-Baptiste dans le désert* (f. 102 r°) ; —

13° le *roi David en prière* (f. 108 r°) ; — 14°·l'*Ensevelissement d'un mort* (f. 133 r°).

Ces miniatures sont bien dessinées et finement peintes. Leurs encadrements offrent de la variété : tantôt ce sont de fins branchages à feuilles dorées dont la monotonie est rompue par quelques rinceaux bleus et rouges et par quelques fleurs ; d'autres fois, les branchages filiformes en sont complètement bannis, et des oiseaux et des papillons se jouent au milieu des branches fleuries ; ailleurs c'est un fouillis de plantes aquatiques ou bien un entrelacement de myosotis, avec des banderoles restées en blanc. L'encadrement qui accompagne l'*Annonciation à la Vierge* porte aux angles des médaillons à fond d'or avec de petits sujets de sainteté. Toutes les pages du texte sont ornées sur la marge extérieure d'une bordure filiforme à feuillage doré, et aussi d'une quantité de jolies initiales et de bouts de ligne en or et en couleurs.

La provenance royale de ce volume est constatée en trois endroits (ff. 13, 26 et 108) où, dans le bas de l'encadrement, sont peintes les armoiries du bon roi René : *Tiercé en pal : au 1, de* Hongrie ; *au 2, d'*Anjou-Sicile ; *au 3, de* Jérusalem ; *au 4 et 1 de la pointe, d'*Anjou moderne ; *au 5, de* Bar ; *au 6, de* Lorraine. L'exécution du manuscrit est postérieure à l'année 1420, date du mariage du roi René avec Isabelle de Lorraine, à la suite duquel il ajouta les armes de Lorraine aux siennes, et même à l'année 1430, date de l'acquisition du buché de Bar, et antérieure à l'année 1454, date de son mariage avec Jeanne de Laval.

Nous croyons que ce livre a été fait plutôt pour Marguerite d'Anjou que pour son père, à cause de cette particularité frappante que la seule sainte qui soit représentée dans les miniatures est précisément *sainte Marguerite*, dont le nom est aussi écrit exceptionnellement en lettres d'or dans le calendrier. Le format minuscule du volume pourrait également servir de preuve subsidiaire : c'est bien, en effet, un livre de fillette, que la princesse aura reçu avant l'âge de quinze ans, c'est-à-dire avant son mariage avec le roi d'Angleterre, qui eut lieu en 1444.

Les indications hagiologiques du calendrier porteraient à croire qu'il a été exécuté à Paris. Parmi le petit nombre de saints dont les noms sont écrits en lettres d'or, on remarque ceux de *S. Yves* et de *S. Clément*, ce qui doit avoir une signification particulière.

c. — GHETIDE. (Livre de prières en hollandais.) — In-8 carré, de 238 ff. ; miniatures, bordures et lettres ornées ; ais de bois recouverts de veau brun à estampages historiés (*rel. du quinzième siècle*).

Beau manuscrit sur VÉLIN, exécuté vers le milieu du quinzième siècle, et orné de SEPT MINIATURES. H. : Il est écrit en dialecte de Westphalie, qui se conserve encore dans le patois de ce pays. Le calendrier occupe les douze premiers feuillets, et est suivi de deux feuillets blancs. Les miniatures sont peintes aux revers des feuillets, avec les rectos en blanc. En voici les sujets : 1º l'*Annonciation à la Vierge* (f. 15) ; — 2º la *Sainte Trinité* (f. 52) ; — 3º *Jésus en croix*, au pied duquel se tiennent la Vierge et saint Jean (f. 75) ; — 4º la *Descente du Saint-Esprit* (f. 100) ; — 5º *Jésus-Christ debout, tenant le monde dans la main* (f. 125) ; — 6º le *Jugement dernier* : Dieu est assis sur un arc-en-ciel, les pieds appuyés sur le globe du monde, et ayant deux épées nues touchant à son cou et à sa poitrine ; au bas, la Vierge et un saint en prières ; un ressuscité sort de sa tombe (f. 149) ; — 7º *Jésus-Christ ressuscitant le fils de la veuve*, porté sur un brancard et dissimulé sous une couverture ; deux femmes se tiennent debout derrière le Christ ; miniature fort intéressante pour les costumes (f. 202).

L'art de ces peintures est naïf, plein de sentiment, mais empreint encore de gothicisme ; le coloris est passablement crû et les nuances les plus vives se heurtent partout. On ne se douterait point qu'on se trouve au temps et dans le voisinage des grands coloristes de l'école de Bruges. C'est même un fait assez curieux que cette infériorité de l'art hollandais à l'époque de la pleine floraison de l'art flamand, et encore avons-nous sous les yeux un spécimen des plus remarquables.

Le style décoratif de ce volume est entièrement emprunté à l'art italien, ce qu'on remarque habituellement dans les manuscrits hollandais de cette date. Les miniatures, de forme rectangulaire, sont enchâssées dans de petits cadres, enluminés sobrement ; ensuite, sur les trois marges extérieures s'étalent de larges bordures d'un caractère particulier : ce sont des touffes de graminées dont les tiges, de la finesse d'un fil, unies à leur base par un bouton d'or, et terminées aux extrémités par des feuillages dorés, s'épanouissent en éventail dans tous les sens : on dirait de brillantes fusées.

Les pages qui se trouvent en regard des miniatures sont également ornées de larges bordures sur trois côtés, mais d'un caractère différent. C'est la grande initiale enluminée par laquelle commence le texte qui sert de point de départ à la décoration. Elle donne naissance à un listel étroit qui descend le long de la page en guise d'appendice et se termine par un large feuillage dentelé, multicolore, courbé en volutes. Le côté opposé de la page est bordé d'un listel parallèle, terminé aux extrémités par des feuillages semblables qui s'épanouissent en deux sens pour former bordure ; au centre de cette marge extérieure, on a mis une figure, issante d'habitude du calice d'une fleur : c'est tantôt le roi

David, tantôt un ange, etc. Tous les intervalles et les vides entre les feuillages ont été comblés au moyen de touffes de graminées, pareilles à celles des pages que nous venons de décrire. L'exécution de ces bordures est soignée, mais le coloris est criard.

Le texte est orné d'un grand nombre de charmantes initiales, peintes en azur ou en carmin sur des fonds diaprés à appendices filiformes, tout à fait dans le goût italien de cette époque.

Le volume est très frais. La reliure originale porte sur un des plats l'image estampée de la Vierge avec l'Enfant Jésus, et sur l'autre l'Agneau symbolique, accompagné de médaillons renfermant les emblèmes des évangélistes.

d. — HORÆ. — Petit in-8 carré, de 122 ff. ; miniatures, bordures, lettres ornées ; mar. olive, couvert de fleurs de lis, tr. dor. (*rel. du seizième siècle*).

Très beau manuscrit sur VÉLIN, exécuté en France dans la seconde moitié du quinzième siècle, et orné de TREIZE MINIATURES.

Il est précédé d'un calendrier (le mois de février manque), écrit en français, en or, carmin et azur. Les miniatures (H. : 0,085 ; L. : 0,055) représentent : 1° les *quatre Évangélistes* (f. 13 r°) ; — 2° l'*Annonciation à la Vierge* (f. 25 r°) ; dans la bordure latérale est enchâssée une petite miniature représentant *Adam et Ève* recevant le fruit défendu ; — 3° la *Visitation de sainte Élisabeth* (f. 33 v°) ; — 4° la *Nativité* (f. 57 r°) ; deux personnages agenouillés, un homme et une femme, assistent à la scène ; les têtes des trois bergers apparaissent derrière une clôture ; — 5° l'*Annonciation aux bergers* (f. 61 v°) ; au milieu des brebis, on remarque une biche couchée ; —

6° l'*Adoration des rois mages* (f. 64 v°); — 7° la *Présentation de l'Enfant Jésus au Temple* (f. 67 r°); — 8° la *Fuite en Egypte* (f. 69 v°); — 9° le *Couronnement de la Vierge* (f. 74 v°); — 10° le *roi David en prière* (f. 79 r°); par une ouverture latérale, on voit la scène rétrospective de la victoire de David sur Goliath; — 11° *Jésus en croix* (f. 94 r°); — 12° la *Descente du Saint-Esprit* (f. 97 r°); — 13° la *Résurrection du fils de la veuve de Naïm* (f. 100 r°).

L'exécution de ces miniatures ne manque pas de finesse, mais le coloris est d'une tonalité un peu sourde, malgré l'emploi, souvent abusif, de l'or dans l'architecture et pour relever les clairs des draperies. Pour mieux faire ressortir l'éclat des carnations féminines, l'artiste a foncé les figures des hommes au point de les rendre bistres.

En revanche, les encadrements des pages ornées de miniatures sont souvent d'une rare beauté. Nous sommes loin ici de la banalité ordinaire de cette époque où l'art, devenant plus mercantile, se ravale dans de nombreux manuscrits, dits de fabrique, à l'emploi des poncifs d'une monotonie désespérante. Les côtés extérieurs de ces cadres sont fréquemment divisés en compartiments losangés, bandés, émanchés, gironnés, etc., dont le fond est alternativement en or mat ou blanc; ailleurs le fond, tout uni, est entièrement doré. C'est dans les pages de cette dernière catégorie que se développe la décoration la plus riche. De gracieux rinceaux en grisaille, symétriquement disposés et partant des bords du cadre, s'y alternent avec des branches de fleurs et de fruits, copiées sur nature avec une délicatesse extrême. Des oiseaux au plumage éclatant se reposent ou voltigent au milieu des charmants fouillis. Pour rompre l'uniformité qui résulterait d'un agencement semblable, l'artiste y a introduit l'élément fantastique et l'élément humain. On y voit tantôt (f. 25) un jeune damoiseau attaquant un monstre, tantôt des piquiers en armure et un épisode du mas-

sacre des Innocents, pour accompagner la peinture
de la Fuite en Égypte ; tantôt un personnage issant
à mi-corps du calice d'une fleur et jouant de la harpe,
par allusion à la miniature représentant le roi David.
Dans le cadre de la dernière, placée en tête de l'Office des trépassés, on voit la Mort, enveloppée d'un
linceul et armée d'un javelot, se disposant à frapper
un jeune seigneur. Dans les autres encadrements,
d'un caractère éclectique, les grotesques et les êtres
chimériques prédominent, et il y en a d'une fantaisie
spirituelle, tel qu'un coq à tête de renard.

Toutes les autres pages du volume ont une bordure latérale, de style ordinaire et un peu archaïque,
le fond de la décoration consistant en légers branchages de houx dorés.

Le texte est entièrement en latin, mais les rubri-
ques sont généralement en français.

Le calendrier est assez sobre en indications litur-
giques : tel mois n'en offre que cinq ou neuf. Il y a
là des noms de saints qu'on rencontre difficilement
ailleurs, tels que : s. *Hue* (9 avril), s. *Victrice*
(7 août), s. *Enod* (8 oct.). Au propre des saints, on
trouve des antiennes en l'honneur de : s. *Mellon*,
s. *Eloy*, s. *Lô*, s. *Rumphaire*, s. *Erblanc*, etc. La
mention exceptionnelle au calendrier de la *Transla-
tion de s. Ouen*, évêque de Rouen (5 mai), celle de
la *Dédicace* [de l'église] *de Rouen*, et la présence au
calendrier et au propre des saints du nom de s.
Mellon, premier évêque de Rouen, démontrent am-
plement l'origine rouennaise du manuscrit. L'in-
fluence flamande est visible dans les encadrements
des miniatures.

Au seizième siècle, au renouvellement de la reliure, on a ajouté en tête un feuillet de titre, orné
d'un beau cadre de style Renaissance, au bas duquel on lit : *De don fait par Madame de la Rue fille,
bourgeoise de Paris*, 1637. La reliure fleurdelisée
semblerait indiquer une provenance royale ; de la
date probable de son exécution et de ce fait que sur

le titre ajouté on lit, quoique gratté, le nom de
Henry, l'auteur d'une note inscrite sur le feuillet de
garde tire la conclusion que ce manuscrit a dû ap-
partenir au roi Henri II. Nous ne l'enregistrons que
sous toutes réserves.

La conservation du volume est exceptionnelle.

e. — HORÆ BEATÆ MARIÆ VIRGINIS, cum
calendario. — Petit in-8, mar. la Vallière, dos
orné, très riches compart. doublé de vélin
blanc, tr. dor. (*Thibaron-Échaubard*).

CHARMANT MANUSCRIT SUR VÉLIN, d'une beauté et
d'une conservation tout à fait exceptionnelles, com-
prenant environ 200 feuillets écrits en caractères
demi-gothiques, avec une grande perfection, et
exécuté en France dans la seconde moitié du quinzième siècle pour ANNE DE GRAVILLE, mariée à
PIERRE DE BALZAC.

Il commence par un calendrier en français, écrit
en rouge et bleu, et il est orné de QUINZE MINIATURES
de la grandeur des pages, ainsi que d'un très grand
nombre de jolies lettres initiales et de tirets finement peints en or et couleurs ; la plupart des marges extérieures sont décorées d'arabesques, de
fleurs, de fruits, d'oiseaux ; on y rencontre des ber-
gères avec des moutons, des bergers jouant du
galoubet, peints en grisaille, et des figures fantas-
tiques peintes en mordoré. Les pages contenant des
miniatures sont complètement encadrées, les autres n'ont qu'un simple montant ou sont sans ornement.

Les grandes miniatures offrent un échantillon de
ce que l'art français a produit au quinzième siècle
de plus parfait, leur forme est celle d'un parallé-
logramme cintré par le haut (H. 0,80 mill.;
L. 0,55.)

La première, qui est un peu plus grande, représente l'*Éternel* assis, au milieu de la gloire céleste, sur un trône couvert de draperies ; il est vêtu d'une robe et d'un ample manteau en drap d'or, et porte sur la tête une tiare d'or. Un aigle, un ange, un bœuf et un lion ailé, rehaussés d'or, ornent les quatre angles.

La seconde a pour sujet la *Descente de croix*. Ce petit tableau, composé de onze personnages, est un chef-d'œuvre ; chaque figure exprime une nuance de la douleur, la tendresse désolée de la mère, la pieuse affliction des saintes femmes, les sanglots de saint Jean ; toutes ces petites têtes, qu'un sentiment de profond chagrin anime, séduisent par la délicatesse du travail et la couleur harmonieuse sans éclat.

La troisième représente l'*Annonciation* ; l'Ange et la Vierge sont à genoux. Au-dessus d'eux le Saint-Esprit, sous forme d'une colombe, descend au milieu d'un rayon de lumière ; la scène se passe dans un temple dont la voûte est soutenue par des colonnes de malachite.

Dans la quatrième, *sainte Élisabeth* à genoux félicite la Vierge ; la scène se passe à la campagne, près d'un village dont on aperçoit quelques maisons, dominées par un château fort construit sur un rocher.

La cinquième représente la *Trahison de Judas*; l'effet de nuit n'a peut-être été nulle part aussi bien rendu et avec autant de poésie que dans ce petit chef-d'œuvre ; un large rayon d'or apparaît sous le ciel d'un bleu sombre où brillent des étoiles, et éclaire d'un ton doré la foule qui entoure Jésus au moment où il est rencontré par Judas.

La sixième représente les *Apôtres* réunis autour de la Vierge, au moment où le Saint-Esprit descend en langues de feu sur eux.

La septième représente la *Nativité*.

La huitième a pour sujet l'*Annonciation aux Ber-*

gers ; dans un paysage ravissant, au milieu d'une prairie, huit bergers, en couleur mordoré, regardant au ciel un ange vêtu de blanc, annonçant la venue du Messie ; dans le fond, on aperçoit au pied des collines un charmant petit village entouré d'arbres.

La neuvième représente l'*Adoration des rois Mages.*

La dixième représente la *Fuite en Egypte.*

Le sujet de la onzième est la *Mort de la Vierge ;* elle est étendue sur un lit ; les Apôtres plongés dans une pieuse et tendre affliction, l'entourent ; saint Jean tient sur ses mains croisées un cierge allumé, tandis que saint Pierre jette sur elle de l'eau bénite ; l'Éternel apparaît dans un rayon du ciel, tenant dans ses mains un petit enfant vêtu de blanc.

La douzième nous offre l'*Assomption de la Vierge ;* drapée dans un ample manteau blanc, on la voit s'élevant vers le ciel, portée sur un plateau d'or que soutiennent des anges aux ailes roses, une candeur angélique divinise sa charmante figure.

La treizième représente *David vainqueur de Goliath,* au moment où le géant frappé au front par la pierre que David vient de lancer avec sa fronde, est vacillant et près de tomber ; il porte un casque et une cuirasse dorée magnifique, dans le goût de la Renaissance. Sur le second plan on aperçoit une foule armée, et plus loin un château sur un rocher, au milieu d'un paysage de montagnes.

La quatorzième a pour sujet *Job dissertant avec ses amis ;* il est couché sur un lit de paille, au bord d'un chemin.

La quinzième représente, sous les traits d'un vieillard vêtu de drap d'or, l'*Éternel* dans le ciel, assis au milieu d'un océan de lumière, sur un trône couvert d'un drap bleu ; de la main gauche il tient la croix où est cloué son fils, et de la droite il bénit le monde; le Saint-Esprit, sous la forme d'une colombe, est placé au milieu; les quatre angles sont occupés par un ange vêtu de rose et par un aigle, un bœuf et un lion peints en or, attributs des quatre évangélistes.

Telle est en somme cet admirable volume dont l'ordonnance générale, la science du dessin, le sentiment des figures, le style des draperies, les paysages remarquables par la profondeur des lointains, la finesse de l'exécution, la conservation des blancs, rappellent tout à fait la manière de Foucquet, ainsi que l'éclat merveilleux des miniatures, éclat qui provient de l'emploi de l'or dont cet artiste a usé plus qu'aucun autre, non seulement pour rehausser les lumières des vêtements, mais aussi pour enrichir les monuments, le terrain et quelquefois le ciel même.

Le texte de ces heures offre un intérêt exceptionnel, en raison d'un certain nombre de prières en français. On y trouve les prières de saint Bernard, *lesquelz quiconques dévotemt les dira, jamais de mort soubdaine ne mourra;* l'oraison que fit saint Benoît l'an 1337, *laquelle octroye à toute personne qui la dira autant de dix jours de pardon, comme N.-S. receut de plaies sur son précieux corps, qui furent au nombre de cinq mille trois cent quatre-vingt-dix,* ainsi que celle à laquelle le pape Boniface attache *deux mille ans de vraies indulgences pour ceulx qui la diront le jour de la fête de Philippe, roi de France* (sans doute Philippe III, qui fit don au Saint-Siège du comtat Venaissin.)

Ce manuscrit précieux n'est pas seulement remarquable par sa beauté et sa conservation tout à fait exceptionnelles; il a un autre mérite, celui d'avoir appartenu à deux familles célèbres, d'abord à Pierre de Balzac, dont on voit les armes (*d'azur à trois sautoirs d'argent, au chef d'or à trois sautoirs d'azur*) dans la majuscule historiée de la deuxième miniature, qui fut marié en 1505, à sa cousine ANNE DE GRAVILLE, fille du célèbre amiral du roy Louis XI, dont on voit les armes (*de gueules à trois fermaux d'or*) sur un bouclier porté par un soldat au bas de la quatrième miniature; puis, à sa fille, JEANNE DE BALZAC, qui épousa CLAUDE D'URFÉ, et hérita de la riche bibliothèque de sa mère, contenant plus de deux cents manuscrits qui servirent de fondement à la bibliothèque du château de la Bastie, et dont une partie, lors de sa dispersion en 1770, fut achetée par le duc de la Vallière.

Ce manuscrit offre beaucoup d'analogie avec celui qui est décrit sous le n° 25 de la vente Firmin-Didot (1879) ; le même artiste doit les avoir exécutés l'un et l'autre, car on retrouve la même idée dans plusieurs des peintures qui les ornent. Celui de M. Firmin-Didot, vendu 12,900 francs, se composait de 144 feuillets et de 13 miniatures, tandis que le nôtre a 200 feuillets et 15 miniatures.

La nouvelle et riche reliure dont ce livre est revêtu a été exécutée d'une façon très remarquable, à l'imitation de celle qui le recouvrait antérieurement et qui se trouvait en trop mauvais état pour être conservée ; elle est ornée d'une dentelle et de compartiments formés de fleurs diverses, chacune entourée d'une couronne de feuillage ; au centre des plats, se trouve le chiffre de Claude d'Urfé et Jeanne de Balzac (deux C et un I entrelacés). Le volume est enfermé dans un étui en mar. brun doublé de chamois.

Haut., 163 mill.

f. — VEGETIUS (Flavius). Epitome institutorum rei militaris. — In-fol., de 70 ff.; miniatures et lettres historiées; veau rouge, riches compart. à froid, tr. rouge, fermoirs (*rel. italienne du quinzième siècle*).

Superbe manuscrit sur VÉLIN, exécuté en Italie au quatorzième siècle, et orné de DEUX GRANDES MINIATURES et de CENT TRENTE-TROIS PETITES sous forme de lettres historiées.

Il commence par cette rubrique, qui précède le sommaire de l'ouvrage et la table des chapitres du livre premier : *Eutropij Flauij Vegecij renatium illust's || comitis constiantinopolitana* (sic) *Valentino || augusto consuli epitoma institutorum rei militaris de comĕtarijs Treia'* (sic) *z adria' || z Fortini augusti Incipit liber*. Le texte finit ainsi (f. 68 r°) : *Flauij Vegecij rcnati veri illustris Li || ber quartus explicit z ultimus*. Les deux derniers feuillets sont occupés par des figures du zodiaque et de la rose des vents, accompagnées d'un petit texte.

L'illustration du volume n'a pas été entièrement terminée, car en tête du second livre deux espaces encadrés d'or ont été laissés en blanc pour recevoir de grandes miniatures.

Celle placée en tête du troisième livre représente un CAMP. Au milieu, sous une tente, on voit à table trois personnages servis par deux domestiques. Le seigneur assis au milieu est coiffé d'un chaperon rouge et revêtu d'un riche pourpoint armorié : *bandé d'or et de gueules ;* un écusson avec ces armes figure au sommet de la tente. C'est évidemment le personnage pour lequel ce manuscrit a été exécuté. A droite et à gauche de la tente, sont représentées différentes scènes de la vie des camps : des soldats jouent aux dés, d'autres ferrent un cheval, ou font

leur cuisine ; enfin un chirurgien pratique une sai-
gnée au bras d'un malade, en présence d'un médecin. La composition entière est placée sous un
hangar découvert, au toit tapissé de feuillage ; le
fond général est à rinceaux dorés.

La seconde grande miniature, placée en tête du
quatrième livre (f. 52 v°), représente les TRAVAUX
DE FORTIFICATION D'UNE PLACE. Plusieurs ouvriers
travaillent à une porte de forteresse ; d'autres dé-
chargent du matériel amené par bateau.

Les lettres historiées offrent toute une série de
sujets empruntés à la vie militaire et à l'art de la
guerre. On y voit des exercices de toutes sortes, des
guerriers à pieds et à cheval, à l'attaque et à la défense, des scènes de discipline, divers aspects des
places fortes et des travaux de génie militaire, le
matériel militaire, etc., etc., en un mot toute une
petite galerie fort curieuse, et rare dans les manuscrits. La majeure partie de ces initiales sont enchâssées dans de petits carrés à fond d'or bruni, en relief ; toutes se développent en appendices à larges
feuillages qui s'étendent sur la marge.

La reliure de ce volume, admirablement conservée, est d'un beau style. Au centre des plats se
trouve un compartiment losangé inscrit dans un
compartiment rectangulaire, formés l'un et l'autre
de bandes à rinceaux. La bordure des plats consiste
en un ruban auquel sont attachées des armes et des
armures.

DESSINS

ÉCOLES

ITALIENNE ET ESPAGNOLE

ALLEGRI (ANTONIO), dit LE CORRÈGE

1 — Saint Placide.

> Etude à la sanguine. Collections Mariette, comte
> de Fries et Woodburn.
>
> Haut., 0.220 ; larg., 0.130.

BANDINELLI (BACCIO)

2 — Académie d'homme nu, assis.

> Etude pour le Martyre de saint Laurent. Dessin
> au recto et au verso. A la plume et au lavis de
> bistre. Collection Dreux.
>
> Haut., 0.410 ; larg., 0.270.

BARBARELLI (GEORGES, dit LE GIORGION)

3 — Sainte Famille; saint Jean embrasse l'enfant Jésus.

Au lavis de bistre, rehaussé de blanc.

Haut., 0.175; larg., 0.220.

BARBIERI (FRANCESCO, dit IL GUERCINO)

4 — Étude de deux enfants tenant des fleurs.

A la plume. Collection Robinson.

Étude de deux figures de femmes pour une Visitation; au verso, variante du même sujet.

A la plume. Collection Zoomer.

BARBIERI (F.)

5 — Saint Jean-Baptiste.

A la plume.

Haut., 0.230; larg., 0.195.

BARROZIO (MIGUEL)

6 — Adoration des bergers, — la Circoncision. Deux dessins faisant pendants.

Au lavis de bistre, rehaussés de blanc.

Haut., 0.480; larg., 0.400,

BORGONA (JUANDE)

7 — Etude d'homme debout, le bras gauche fixé
à un appareil, probablement une illustration
pour un traité de chirurgie.

À la plume et lavis de bistre.

Haut., 0.263; larg., 0.195.

BUONACCORSI (P., dit PERINO DEL VAGA)

8 — Combat de monstres et dieux marins.

A la plume et lavis de bistre. Collection Boilly.
De forme ovale.

Haut., 0.095; larg., 0.145.

BUONACCORSI (P.)

9 — Un Sacrifice.

Beau dessin au lavis de bistre, rehaussé de blanc,
un peu fatigué vers la gauche.

Haut., 0.480; larg., 0.325.

BUONAROTTI (MICHEL-ANGE)

10 — Une Sibylle. Etude pour une de ses peintures au Vatican.

Très beau dessin à la plume et lavis de sépia.

Haut., 0.255; larg., 0.180.

BUONAROTTI (M.-A.)

11 — Etudes d'hommes nus, de têtes et d'amours, sur une même feuille.

A la plume et lavis de sépia.

Haut., 0.160; larg., 0.225.

BUONAROTTI (M.-A.)

12 — Etude pour le Jugement dernier.

A la plume. Manque de conservation.

BUONAROTTI (M.-A.)

13 — Etude d'homme assis.

A la plume.

Haut., 0.245; larg., 0.130.

CALIARI (PAOLO, dit IL VÉRONÈSE)

14 — Jésus dans la maison de Simon le Lépreux.

Esquisse à la plume, probablement pour le tableau de Turin. Collections Richardson, sir Josuah Reynolds et Robinson.

Haut., 0.128; larg., 0.263.

CALIARI (P.)

15 — La Vierge tenant sur ses genoux l'enfant Jésus, assise sur un trône et adorée par différents saints.

A la plume et lavis de bistre.

Haut., 0.177; larg., 0.155.

CALIARI (P.)

16 — Groupe de figures pour un plafond.

Au lavis de bistre.

Haut., 0.420; larg., 0.280.

CALDARA (POLIDORO, dit POLIDORE DE CARAVAGE)

17 — Minerve assise, et autre divinité.

Au bistre rehaussé de blanc, sur papier de couleur. Collection Desperet.

Haut., 0.225; larg., 0.257.

CALDARA (P.)

18 — Les Israélites ramassant la manne dans le
désert.

Beau dessin en forme de frise. Au lavis de sépia,
rehaussé de blanc.

Haut., 0.190; larg., 0.440.

CALDARA (P.)

19 — Un Apôtre debout.

Beau dessin à la plume et lavis de bistre, rehaussé
de blanc.

Haut., 0.385; larg., 0.180.

CALDARA (P.)

20 — Marche de guerriers.

Dessin à la plume en forme de frise.

Haut., 0.095; larg., 0.210.

CALDARA (p.)

21 — Nymphes et dieux marins.

Deux compositions différentes à la plume et lavis de sépia.

CALDARA (p.)

22 — Sujet mythologique. Composition de quinze figures.

Au lavis de bistre, rehaussé de blanc.

Haut., 0.340; larg., 0.270.

CANALETTI (antonio)

23 — Vue d'un canal de Venise. A gauche, un château fort.

Très beau dessin à la plume et lavis d'encre de Chine.

Haut., 0.380; larg., 0.620.

CANALETTI (ant.)

24 — Le même canal, vu d'un autre côté.

Très beau dessin à la plume et lavis d'encre de Chine. Pendant du précédent.

Haut.; 0.380; larg., 0.620.

CANALETTI (ANT.)

25 — Vues des environs de Venise.

Deux beaux dessins à la plume et lavis d'encre
de Chine, faisant pendants.

Haut., 0.210; larg., 0.385.

CANALETTI (ANT.)

26 — Vue des environs de Venise.

Au lavis de bistre, rehaussé de blanc. A été gravé
à l'eau-forte par le maître.

Haut., 0.150; larg., 0.205.

CARRACHE (A.)

27 — Jeune seigneur à mi-corps, la main gauche
appuyée sur son épée.

A la plume.

Haut., 0.260; larg., 0.185.

CARRACHE (A.)

28 — Les Trois Grâces.

A la plume et lavis de bistre.

Haut., 0.175; larg., 0.140

CARRACHE (A.)

29 — Paysage. Sur le devant, deux cavaliers se dirigeant à gauche.

A la plume.

Haut., 0.270; larg., 0.390.

CARUCCI (J.), dit le PONTORMO

30 — La Vierge et différents saints, sur une même feuille.

A la plume. Collection Hudson et sir J. Reynolds.

Haut., 0.180; larg., 0.270.

CORREGGIO (ANTONIO ALLEGRI DA)

31 — Etude pour une composition peinte dans l'église des Bénédictins de Parme.

Au lavis de bistre. Collections Th. Hudson, sir Josuah Reynolds et Robinson. L'inscription au dos de la monture est de la main de Reynolds.

Haut., 0 165; larg., 0.190.

CORREGGIO (ANT.-A.)

32 — Tête de Christ.

Beau dessin aux crayons de couleur et pastel, dans un cadre en bois sculpté.

Haut., 0.280; larg., 0.200.

ÉCOLE DU NORD DE L'ITALIE, XVᵉ SIÈCLE

33 — Homme assis sur un char attelé de deux chevaux. Un homme armé lui couvre les yeux des
deux mains.

> A la plume, lavé de bistre, rehaussé de blanc.
> Collection Maurel de Marseille.

> Haut., 0.170; larg., 0.273.

ÉCOLE ITALIENNE, XVᵉ SIÈCLE

34 — La Résurrection de Notre-Seigneur.

> A la plume. Collection Robinson.

> Haut., 0.198; larg., 0.208.

ÉCOLE ITALIENNE, XVᵉ SIÈCLE

35 — L'Homme de douleurs.

> A la plume, lavis de bistre. Collection Mayor.

> Haut., 0.162; larg., 0.069.

ANONYME ITALIEN, XV SIÈCLE

36 — Un Guerrier à cheval.

> Curieux dessin à la plume et lavis de bistre.
> Collection Triquetti.

> Haut., 0.200; larg., 0.155.

ÉCOLE ITALIENNE, XVIᵉ SIÈCLE

37 — Jésus célébrant la cène avec ses disciples.

A la plume et lavis de sépia.

Haut., 0.180; larg., 0.260.

ÉCOLE ITALIENNE, XVIᵉ SIÈCLE

38 — La sainte Vierge, tenant l'enfant Jésus, est assise sur un trône; à droite, saint Jérôme; à gauche, une sainte.

A la plume et lavis de bistre.

Haut., .35;   larg., 0.285.

ÉCOLE ITALIENNE, XVIᵉ SIÈCLE

39 — La Vierge pleurant sur le corps mort de Jésus-Christ.

A la plume et lavis de sépia. Collection Marmontel.

Haut., 0.160; larg., 0.185.

ÉCOLE ITALIENNE, XVIᵉ SIÈCLE

40 — La Vierge tenant l'enfant Jésus emmaillotté.

Au crayon noir, cadre en bois sculpté.

Haut., 0.220; larg., 0.165.

ÉCOLE ITALIENNE, XVIᵉ SIÈCLE

41 — Un évêque et un religieux accompagnés de soldats, devant un monument religieux.

A la plume.

Haut., 0.180; larg., 0.130.

ÉCOLE ITALIENNE, XVIᵉ SIÈCLE

42 — Figure de femme assise, tenant un vase et une aiguière. Deux enfants nus de chaque côté.

A la plume et lavis de sépia.

Haut., 0.270; larg., 0.190.

FERRARI (GAUDENZIO)

43 — Sainte Catherine et une autre sainte.

Beau dessin au lavis de sépia, rehaussé de blanc.

Haut., 0.235; larg., 0.175.

FORTUNY

44 — Etude d'homme et femme assis à terre.

Aquarelle, vente Fortuny.

Haut., 0.135; larg., 0.250.

FORTUNY

45 — Vieille mandiante accroupie, posant un paquet par terre.

Aquarelle. Signée.

Haut., 0.300 ; larg., 0.220.

FORTUNY

46 — Un homme vu de face, assis dans un fauteuil.

A la plume et lavis d'encre.

Haut., 0.210 ; larg., 0.150.

FORTUNY

47 — Un nain de Philippe IV, debout près d'un chien, d'après Velasquez.

Aquarelle. Signée.

Haut., 0.170 ; larg.. 0.120.

GOYA (F.)

48 — Danseur, tenant un tambourin de la main gauche.

Beau dessin à la sanguine.

Haut., 0.225 ; larg., 0.180.

GOYA (F.)

49 — Caprices.

Dix-huit dessins à la plume et lavis de bistre.
Pourront être vendus séparément.

50 — Caprices.

Six dessins d'une autre suite. Au crayon noir et
lavis d'encre de Chine.

51 — Caprices.

Deux dessins d'une autre suite, avec composition
au recto et au verso. Au lavis d'encre de Chine.

GOZZOLI (BENOZZO)

**52 — Composition historique; au premier plan, un
vieillard couché auquel on lie la jambe.**

A la plume et lavis de bistre. Collections Denon et
Desperet. A été lithographié par M. Muret.

Haut., 0.275; larg , 0.210.

GUARDI (FRANCESCO)

**53 — Vue d'une place publique; dans le fond,
un palais.**

Très beau dessin au lavis de sépia. Collections
Desperet et Marmontel.

Haut., 0.300; larg., 0.460.

GUARDI (F.)

54 — Vue de Venise. Sur le devant, des pêcheurs dans leurs bateaux.

Aquarelle.

Haut., 0.190; larg., 0.270.

GUARDI (F.)

55 — Naufrage en mer.

A la plume et lavis de bistre.

Haut., 0.255; larg., 0:380.

GUARIENTO (ou GUARIERO), XIV° siècle

56 — Marcus Curtius se précipitant dans le gouffre.

Très beau dessin à la plume.

Haut., 0.280; larg., 0.195.

LIGOZI (JACQUES)

57 — Lutte d'une nymphe et d'un guerrier au bord d'un fleuve.

Beau dessin au lavis de bistre, rehaussé d'or. Dans un très beau cadre en bois sculpté.

Haut., 0.255; larg., 0.385.

LIPPI (FRA FILIPPO) (École de)

58 — Moine vu de dos.

A la plume, rehaussé de blanc. Collection sir Josuah Reynolds.

Haut., 0.240; larg., 0.115.

LIPPI (PHILLIPPINO).

59 — Un saint évêque ressuscitant un mort.

Composition de six figures. Beau dessin au lavis de bistre, rehaussé de blanc sur papier préparé.

Haut., 0.250; larg., 0.185.

LIPPI (PHILIPPINO)

60 — Deux Apôtres debout.

Beau dessin au lavis de bistre, rehaussé de blanc.

Haut., 0.240; larg., 0.095.

LUINI (BERNARDINO)

61 — Femme nue, vue de dos.

Beau dessin à la sépia, rehaussé de blanc, à la gouache, sur papier teinté. Collection J. Gigoux.

Haut., 0.400; larg., 0.167.

LUINI (B.)

62 — Personnage vu de dos.

A la pierre d'Italie, rehaussé de blanc, sur papier gris. Collections Desperet et J. Gigoux.

Haut., 0.425 ; larg., 0.205.

MANTÉGNA (ANDRÉA)

63 — Tête de Guerrier.

Beau dessin à la plume et sanguine. Collection Mailand.

Haut., 0.185; larg., 0.135.

MARATTA (CARLO)

64 — Portrait de Daniel *Ricciarelli*, peintre, en buste, au milieu d'une composition d'architecture et d'Amours.

Au crayon noir, rehaussé de blanc.

Haut., 0.410; larg., 0.275.

MAZUOLI (F., dit le PARMESAN)

65 — Saint Jérôme.

A la sanguine. Collections Richardson, Th. Hudson, P. Lely et John Barnard.

Haut., 0.270; larg., 0.125.

MAZUOLI (F.)

66 — Jeune Homme debout et Femelle de Satyre.

A la plume. Collections Th. Lawrence et Nils-Barck.

Haut., 0.295; larg., 0.210.

MAZUOLI (F.)

67 — Études de femmes.

Croquis à la plume.

Haut., 0.200; larg., 0.150.

MAZUOLI (F.)

68 — Différents croquis sur une même feuille.

A la plume.

Haut., 0.275; larg., 0.200.

MURILLO (B.-E.)

69 — Saint Jean-Baptiste assis. Son mouton est devant lui.

Beau dessin à la plume. A été gravé dans la *Gazette des Beaux-Arts*.

Haut., 0.265; larg., 0.190.

MURILLO (B.-E.)

70 — Martyre d'un saint.

Au lavis de bistre, rehaussé de blanc. Collections N. Hone et Woodburn.

Haut., 0.210; larg., 0.142.

MURILLO (B.-E.)

71 — Sainte Thérèse en extase.

À la pierre d'Italie.

Saint Jean-Baptiste et saint Jean l'Evangé-
liste.

A la sépia. Deux dessins. Collection J. Gigoux.

MURILLO (B.-E.)

72 — Un forçat enchaîné.

A la pierre noire.

Haut., 0.185; larg., 0.095.

NICOLETTO DA MODENA (NICOLA ROSEX)

73 — Un groupe de monstres marins. Sur la même
feuille, un mouton endormi.

A la plume. Collection Vallardi.

Haut., 0.272; larg., 0.208.

PENNI (J.-F.), dit LE FATTORE

74 — Fragment de l'Olympe. Composition de sept
figures.

À la plume, rehaussé de blanc.

Haut., 0.75; larg., 0.110.

PIOMBO (SÉBASTIEN DEL)

75 — Le Christ descendu de la croix, soutenu par des anges.

> Au crayon noir. Collections Lagoy, Dimsdale et Lawrence.
>
> Haut., 0.315; larg., 0.250.

PIPPI (GIULIO, dit GIULIO ROMANO)

76 — Le Dragon que saint Michel avait à combattre.

> Beau dessin au lavis de bistre, rehaussé de blanc.
>
> Haut., 0.240; larg., 0.305.

PIPPI (G.)

77 — Figure d'Apôtre.

> Beau dessin au crayon noir, rehaussé de sanguine.
>
> Haut., 0.670; larg , 0.475.

PIPPI (G.)

78 — Le serpent d'airain, composition pour un plafond.

> Beau dessin au lavis de bistre, rehaussé de blanc.
> Collections sir J. Reynolds et Triquetti.
>
> Haut., 0.325; larg., 0.490.

PIPPI (g.)

26   79 — Bataille de Constantin.

Beau dessin au lavis de bistre.

Haut., 0.340; larg., 0.545.

PIPPI (g.)

15   80 — Psyché et l'Amour sur un lit de repos; un petit Amour les couronne.

Au crayon noir, rehaussé de blanc.

Haut., 0.390; larg., 0.280.

PIPPI (g.)

75   81 — Composition mythologique pour plafond. Au milieu sont représentés Hercule et Mercure.

Très beau dessin au lavis de bistre.

Haut., 0.390; larg., 0.690.

PIPPI (g.)

26   82 — Les enfants vendangeurs.

A la plume et sépia. Collection Triquetti.

Haut., 0.175; larg., 0.260.

PISANO ou PISANELLO (v.)

82 *bis* — Deux études de chiens sur une même feuille. Au verso, des études de renards.

> A la plume, légèrement rehaussées de blanc, sur vélin.
>
> Haut., 0.160 ; larg., 0.125.

PISANO ou PISANELLO (v.)

82 *ter* — Une chèvre debout et un mouton couché, sur une même feuille. Au verso, deux études d'oiseaux.

> A la plume, légèrement rehaussé de blanc, sur vélin.
>
> Haut., 0.160 ; larg., 0.120.

PORTA (FRA BARTOLOMEO DELLA)

83 — La Vierge et l'Enfant Jésus.

> A la pierre noire, rehaussé de blanc, sur papier teinté. Collection Robinson.
>
> Haut., 0.235 ; larg., 0.158.

PORTA (FRA B. DELLA)

84 — La Visitation.

> Au lavis, rehaussé de blanc.
>
> Haut., 0.400 ; larg., 0.300.

PORTA (FRA B. DELLA)

85 — La Sainte Vierge, l'Enfant Jésus, saint Jean et saint Joseph.

Beau dessin au crayon noir, rehaussé de blanc.

Haut., 0.380; larg., 0.270.

PORTA (FRA B. DELLA)

86 — Un prophète.

A la pierre noire, rehaussé de blanc. Collection Robinson.

Haut., 0.318; larg., 0.198.

PORTA (FRA B. DELLA)

87 — Un ange en l'air.

A la pierre noire.

Haut., 0.190; larg., 0.190.

PORTA (FRA B. DELLA)

88 — Tête d'enfant, vue de profil.

A la pierre noire. Collection Robinson.

Haut., 0.239; larg., 0.165.

PORTA (FRA B. DELLA)

89 — Enfant nu, s'avançant appuyé sur un roseau.

A la pierre noire. Collection Robinson.

Haut., 0.281; larg., 0.162.

RICCIO (?)

90 — Le Christ et les Apôtres.

A la plume et lavis de bistre.

Homme et femme debout.

A la plume et lavis d'indigo. Collection Triquetti.

TINTORETO (J. ROBUSTI, dit LE)

91 — Jésus célébrant la cène avec ses disciples.

A la plume et lavis de bistre.

Haut., 0.187; larg., 0.174.

TINTORETO (J. ROBUSTI)

92 — La Présentation au temple.

Au lavis de sépia, rehaussé de blanc.

Haut., 0.470; larg., 0.350.

SALVATOR-ROSA

93 — Trois études de soldats sur une même feuille.

A la plume, crayon noir et sanguine.

Haut., 0.270; larg., 0.160.

SALVIATI (FRANCESCO)

94 — Marche triomphale.

Dessin au lavis de bistre, en forme de frise. Collections Pallandt et Goldschmidt.

Haut., 0.100; larg., 0.305.

SANZIO (RAPHAEL)

95 — Etude pour un *Ecce Homo*.

Très précieux dessin à la plume, de la première manière du maître. Collections Triquetti et Timbal.

Haut., 0.110; larg., 0.087.

SANZIO (R.)

96 — Les trois Grâces.

Etude pour un des pendantifs de la galerie du Palais Ghigi. A la sanguine. Collection Timbal.

Haut., 0.280; larg., 0.185.

SANZIO (R.)

97 — Feuille de croquis.

A la plume. Collections sir J. Reynolds, Triquetti et Timbal.

Haut., 0.190; larg., 0.270.

SANZIO (R.)

98 — La Vierge et l'Enfant Jésus.

Beau dessin à la plume. Étude pour la belle jardinière de Florence. Collection Timbal.

Haut., 0.295; larg., 0.220

SANZIO (R.)

99 — Saint en prière. De chaque côté une femme relève les bords de la chape qu'il a sur le dos.

Beau dessin au crayon noir. Collection Timbal.

Haut., 0.320 : larg., 0.240.

SANZIO (école de R.)

100 — Le songe de Jacob.

A la plume et sépia.

Haut., 0.190 ; larg., 0.390.

SANZIO (école de R.)

101 — L'incendie du bourg.

Très important dessin au lavis de bistre, rehaussé de blanc, cadre en bois sculpté.

Haut., 0.390 ; larg., 0.370.

SANZIO (école de R.)

102 — Bataille de Constantin.

A la plume.

Haut., 0.260 ; larg., 0.485

SANZIO (école de R.)

103 — L'Amour et Psyché.

Charmant dessin à la sanguine. Collection Horsin Déon.

Haut., 0.233 ; larg., 0.190.

SARTO (ANDREA DEL)

104 — La Visitation. Composition de six figures.

A la plume, sur papier bleu. Collection Triquetti.

Haut., 0.280; larg., 0.350.

SARTO (A. DEL)

105 — Etude pour un des ouvriers de la vigne. Sujet peint dans le Scalzo à Florence.

A la plume, lavé de sépia et rehaussé de blanc, sur papier teinté. Collections Thomas Lawrence et Robinson.

Haut., 0.265; larg., 0.110.

SARTO (A. DEL)

106 — Un apôtre debout. A gauche, une étude pour le bras et la main.

Beau dessin à la sanguine.

Haut., 0.385; larg., 0.225.

SARTO (A. DEL)

106 bis — Figure d'homme nu et agenouillé. Tête d'après l'antique.

Deux dessins à la sanguine. Collection J. Gigoux.

SARTO (A. DEL)

107. — Un roi donnant audience.

Au lavis de bistre.

Haut., 0.200 ; larg., 0.300.

SIGNORELLI (LUCA)

108 — Deux hommes debout.

Dessin à la plume, lavé de bistre. Collections Thomas Lawrence et Mario.

Haut., 0.108; larg., 0.072.

SIMONETTI

109 — A la porte du maréchal ferrant.

Aquarelle, datée 1869.

Haut., 0.250; larg., 0.550.

UDINE (J. D')

110 — Un fond de plat. Au milieu est représenté le Jugement de Pâris.

A la plume.

Haut., 0.235; larg., 0.176.

VANUCCI (P.), dit LE PÉRUGIN

111 — Etude de différents saints, sur une même feuille.

A la plume et lavis de bistre, rehaussé de blanc, sur papier préparé. Collections sir J. Reynolds, J. Barnard et Triquetti.

Haut., 0.215; larg., 0.280.

VECELLIO (TITIANO), dit LE TITIEN

112 — Tombeau d'un cardinal.

> Beau dessin à la plume et lavis de bistre. Collection W. Esdaile.
>
> Haut., 0.375; larg., 0.230.

VECELLIO (T.)

113 — Portrait d'homme en buste, tourné à droite, cheveux et barbe blanche.

> A la pierre noire et sanguine. Collection J. Gigoux.
>
> Haut., 0.140; larg., 0.92.

VECELLIO (T.)

114 — Figure de femme, architecture et animaux. Croquis sur une même feuille.

> A la plume. Collections lord Soomers et W. Esdaile.
>
> Haut., 0.185; larg., 0.265.

VECELLIO (T.)

115 — Compositions bibliques. Trois croquis sur une même feuille.

> A la plume. Collection Denon.
>
> Haut., 0.145; larg., 0.105.

VECELLIO (T.)

116 — Etude d'homme écorché.

A la plume et lavis de bistre.

Haut., 0.285; larg., 0.165.

VECELLIO (T.)

117 — Un ours, se dirigeant à gauche.

A la plume. Collections Esdaile et Th. Lawrence.
A été gravé.

Haut., 0.120; larg., 0.155.

VECELLIO (T.)

118 — Paysage. Au milieu, la Sainte Famille au repos.

A la plume. Collection J. Gigoux.

Haut., 0.380; larg., 0.510.

VECELLIO (attribué à T.)

119 — La Vierge ayant sur ses genoux le Christ mort.

A la plume et sepia. Collection J. Gigoux.

Haut., 0.210; larg., 0.110.

VERROCCHIO (ANDREA DEL)

120 — Tête de jeune homme, avec croquis au verso.

A la pierre noire. Collection Robinson.

Haut., 0.185; larg., 0.160.

VINCI (Léonard de)

121 — Recueil de Testes de caractères et de charges.

Suite de cinquante-quatre dessins à la plume renfermés en 1 vol. in-fol. mar. noir. En tête du volume se trouve un frontispice dessiné par Aug. Carrache. Ce frontispice et ses dessins, ayant appartenu à Mariette, furent gravés alors par le comte de Caylus, ce qui donna lieu à la lettre de Mariette sur Léonard da Vinci, adressée au comte de Caylus, et qui fut imprimée en tête de ce recueil, publié chez Mariette.

Dans cette lettre, Mariette, après un préambule sur les personnes ayant écrit sur Léonard et après avoir parlé des connaissances du comte de Caylus sur les anciens maîtres, dit : « Vous en avez fait l'expérience au sujet de Léonard ; vous avez, dites-vous, appris à le mieux connaître en l'étudiant, et je me flatte que le *Recueil des têtes* que vous venez de de graver y a le plus contribué.

« Ce recueil porte avec lui les deux titres les plus essentiels et les plus avantageux pour Léonard : la perfection et l'originalité, et par là il devient encore un morceau de curiosité bien singulier ; car les dessins avérés de Léonard sont extrêmement rares. »

Plus loin, après avoir parlé du comte d'Arundel, très grand amateur et connaisseur en dessins, et en particulier de son goût pour Léonard, il dit : « Le *Recueil de dessins de têtes* dont je viens de parler, peut avoir appartenu à cet illustre curieux. Je fonde ma conjecture sur ce que plusieurs de ces têtes ont été gravées ci-devant par Hollar. Vous n'ignorez pas que cet artiste était au service du comte d'Arundel, et que le riche cabinet de ce seigneur lui a fourni la plus grande partie des dessins de grands maîtres qu'il a gravés. Il semble s'être attaché par préférence à ceux de Léonard ; sans doute pour se faire honneur à la faveur d'un aussi grand nom...

« S'il était permis de donner essor aux conjectures, on se croirait encore en droit d'avancer que c'est de ce *Recueil de têtes* dont parle Paul Lomazzo ; du moins la description qu'il donne d'un semblable recueil de dessins de Léonard qui était alors entre les mains d'Aurelio Louino, peintre milanais, y a beaucoup de rapport, tant pour le nombre des dessins que pour la qualité des sujets. Ils représentaient, comme dans celui-ci, des études faites d'après des vieillards, des paysans et des femmes qui font des grimaces et qui rient.

« Ce recueil, on n'en peut pas douter, a passé successivement entre les mains de curieux qui en connaissaient la valeur. La conservation des dessins, la propreté avec laquelle on les a enchâssés dans de plus grandes feuilles de papier pour en faire un juste volume, le beau dessin d'Augustin Carrache qui y sert de frontispice, en sont des indices qui ne paraissent pas équivoques. »

Vers la fin de la lettre, après ses réflexions sur le goût de Léonard à prendre des croquis d'après nature de la physionomie des personnes qu'il rencontrait soit à table ou sur sa route, il parle pour la dernière fois de notre volume en disant : « Il est assez naturel de croire que le travail de dessins de têtes qui a donné occasion à la lettre que j'ai l'honneur de vous adresser, était un de ces livres dans lesquels Léonard remarquait les physionomies les plus singulières. Les trente-huit premières têtes sont dessinées d'une même manière et de même grandeur.

« A l'exception de deux, elles sont toutes dessinées au verso l'une de l'autre. De ces deux, l'une était apparemment au commencement du livre, et l'autre en faisait la fin. Chaque tête est renfermée dans une bordure en rond, ainsi que vous les avez gravées.

Quoique chargées, on reconnaît, à n'en point douter,
que ces têtes ont été dessinées d'après nature, je
n'en veux d'autres preuves que leur variété. N'ad-
mirez-vous pas, Monsieur, avec quel esprit les caractères des passions y sont exprimés ? Ne dirait-on
pas que ces têtes sont animées ? Que l'exécution en
est merveilleuse ! La plume dont Léonard s'est servi
dans ces dessins, est très expressive ; elle est d'une
légèreté extrême. Sans sécheresse et sans manière,
elle exprime, dans un détail immense, par des
touches savantes mise à leur vraie place, et des
traits flexibles conduits de tous les sens, les sinuo-
sités que le relief ou le renfoncement des os cause
sur la peau, les plis de la chair et jusqu'aux moin-
dres rides. Quelques coups légers de lavis, donnés à
propos sur quelques-uns de ces dessins, achèvent
d'y mettre l'intelligence. Il me paraît surtout un
profond savoir dans la manière dont les oreilles et
les yeux y sont traités. Rien n'est négligé dans ces
dessins. Les cheveux paraissent véritablement at-
tachés à la chair où ils prennent naissance ; il n'y
a pas jusques aux modes qui ne soient imités scru-
puleusement. Les huit têtes qui suivent ces trente-
huit premières sont du même faire, et ne sont pas
moins estimables. Comme l'imagination seule a produit les six mascarons qui viennent ensuite, il ne
faut pas s'attendre d'y trouver la même précision :
la plume en est belle et coulante, mais elle est aussi
plus libertine. Je passe sous silence la tête de femme
vue de profil, elle est d'une manière plus sèche et
plus roide. Je me souviens d'avoir déjà vu quelques
dessins de ce même style qu'on donnait à Léonard, et
je ne fais nulle difficulté de le croire. J'imagine qu'il
les a faits dans le temps de sa première manière.
L'autre tête de vieille, qui a beaucoup du caractère
de sainte Élisabeth pénétrée de joie de recevoir
la visite de la sainte Vierge, est au contraire d'une
fonte étonnante ; elle est dessinée au crayon noir
dans la manière qu'on nomme estampée, sur un

papier bistré. C'est la seule que vous n'ayez pas gravée. Celui qui en a pris le soin l'a fait avec cet ex-
cellent goût qu'on remarque dans tout ce qui sort
de ses mains. Voilà en quoi consiste le *Recueil de
têtes* qui vient de passer dans le cabinet de mon
père. »

Il est incontestable que ce recueil est bien celui
que possédait Mariette. Il porte sur le premier
feuillet le numéro de la vente de sa collection, où il
est ainsi catalogué :

« 787. Soixante têtes et caricatures, faites à la
plume et au bistre, connues par les estampes qu'en
a gravé d'après M. le C. de Caylus ; elles se trouvent
collées dans un volume petit in-folio, en maroquin
noir. »

Il fut adjugé, au prix de 240 livres, à **M.** Remy,
des mains duquel il passa à **M.** Villeminot, qui, en
1802, en fit cadeau à **M.** Romain Desèze, dans la
famille duquel il fut conservé jusque vers 1872.

Pour compléter l'opinion de Mariette sur ce précieux recueil, nous citerons encore une de ses
notes jointe dans *l'Abecedario*, t. III, p. 145, à la
reproduction de sa lettre sur Léonard :

« C'est beaucoup plus par amour de la vérité
qu'en qualité de propriétaire de ce beau recueil de
desseins, que je me crois obligé d'en prendre la
défense et de soutenir, contre quiconque voudroit
ouvrir un avis contraire, que les desseins qui le
composent sont incontestablement originaux et ne
craignent à cet égard aucun parallèle, quel qu'il
soit. Je fais cette observation parce que, dans le
second volume des *Lettere su la pittura*, qui a été
publié à Rome en 1757, en me faisant l'honneur
d'y insérer cette lettre, traduite en italien, on y
débite, dans une note, à la page 170, que le
feu cardinal Silvio Valensi avoit fait acheter en
Hollande un recueil de desseins dont ceux-ci ne
sont apparemment que la copie, puisque les siens
sont estimés être les seuls et *vrais originaux*. Si je

ne craignois pas de me rendre suspect, je dirois
que je les fis examiner par de bons connoisseurs,
dans le temps que le livre étoit en vente, et que,
sur le rapport qui m'en fut fait, je n'ai pas été
tenté d'en faire l'acquisition. »

VINCI (LEONARDO DA)?

122 — Etude de main.

A la plume. Collection Triquetti.

VITE (TIMOTEO DELLA)

123 — Etude de femme nue, les bras élevés comme
pour soutenir un objet.

A la pierre noire. Collections Charles Ier et
Robinson.

Haut., 0.288; larg., 0.172.

VOLTERRE (DANIEL DE)

124 — Etude d'homme nu, assis et endormi.

Au crayon noir. Collection Timbal.

Haut., 0.310; larg., 0.215.

ZUCCHERO

125 — Portrait de Michel Ange.

Peint à l'huile, sur papier.

Haut., 0.155; larg., 0.120.

ZUCCHERO

126 — Portrait de Bianca Capello.

Dessin aux trois crayons, de forme ronde.

Diamètre, 0.100.

ÉCOLES

ALLEMANDE, FLAMANDE ET HOLLANDAISE

BECKER (FRIDOLIN)

127 — Vieillard en prière dans une église.

Aquarelle. Signée.

Haut., 0.155; larg., 0.110.

BERGHEM (NICOLAS)

128 — Paysage avec figures et animaux.

Au crayon noir.

Haut., 0.255; larg., 0.370.

BLIECK (D.)

129 — L'heureuse nouvelle.

Une femme assise dans un intérieur; à son côté, un homme debout lui parle en faisant des signes joyeux. A la mine de plomb. Signé et daté 1654.

Haut., 0.105; larg., 0.090.

BOL (F.)

130 — Sacrifice d'Abraham.

A la plume, lavé de sépia. Collection J. Gigoux.

Haut., 0.200; larg., 0.250.

BOL (F.)

131 — Portrait d'homme.

Au crayon noir sur papier teinté. Collection J. Gigoux.

Haut., 0.220; larg., 0.195.

BOTH (JEAN)

132 — Le pont de pierre.

Beau dessin à la plume et lavis d'encre de Chine; a été gravé par le maître. Collection Galichon.

Haut., 0.195; larg., 0.305.

BOTH (J.)

133 — Paysage en Italie.

Charmant dessin à la pierre noire et au lavis d'encre de Chine. Collections Thibaudeau et Bouillard.

Haut., 0.150; larg., 0.200.

BREENBERG (B.)

134 — Entrée d'un village avec ruines sur le devant. — Vue de Strasbourg.

> Deux dessins à la plume et lavis d'encre de Chine et de bistre. Le premier est signé du monogramme du maître.

BREUGHEL (J.) dit DE VELOURS

135 — Laboureur à la charrue, traînée par deux chevaux.

A la plume et lavis de bistre.

Haut., 0.160; larg., 0.315,

CRANACH (LUCAS)

136 — La Vierge et l'Enfant à qui une sainte présente des fruits.

A la plume, de forme ronde.

Diamètre, 0.210.

CRANACH (L.)

137 — Tête d'homme avec chapeau à larges bords.

A la plume, daté 1520.

Haut., 0.085; larg., 0.100.

CRANACH (L.)

138 — Débarquement d'Erasme.

A la plume.

Haut., 0.155 ; larg., 0.200.

CUYP (A.)

139 — Village de Gravendeel, près Dordrecht.

Joli dessin à la plume, lavé de sépia. Collection J. Gigoux.

Haut., 0.150 ; larg., 0.300.

DENNER (BALTHASAR)

140 — Portrait d'homme, d'après Rembrandt.

A la mine de plomb et sanguine, sur vélin. Collection J. Gigoux.

Haut., 0.060 ; larg., 0.050.

DIETZ (J.-A.)

141 — Paysages montagneux.

Deux dessins au crayon noir, faisant pendants.

Haut., 0.145 ; larg., 0.190.

DOW (GÉRARD)

142 — Un Hallebardier.

Beau dessin à la pierre d'Italie. Collection J. Gigoux.

Haut., 0.350; larg., 0.175.

DUJARDIN (KAREL)

143 — Paysage traversé par un chemin ; au milieu, une grosse tour.

A la plume et lavis d'encre de Chine. Signé au bas de la droite ; en haut, une inscription en hollandais.

Haut., 0.135; larg., 0.190.

DUJARDIN (K.)

144 — Chèvres dans un paysage accidenté.

Au crayon noir, rehaussé de blanc.

Haut., 0.170; larg., 0.240.

DURER (ALBERT)

145 — La sainte Vierge.

Debout, vue à mi-corps, tournée vers la gauche, drapée d'un ample manteau, un voile sur la tête formant des petits plis sur l'épaule gauche.

Précieux dessin à la plume, signé du monogramme et daté 1521. Collections Andréossi et J. Gigoux.

Haut., 0.150; larg., 0.100.

DURER (A.)

146 — Homme nu, debout, tenant un serpent dans la main droite. Etude pour le livre sur les *Proportions du corps humain.*

A la plume, sur fond vert. Collections Andréossy et baron Taylor.

Haut., 0.325; larg., 0.205.

DURER (A.)

147 — Femme assise, lisant.

A la plume. Collections Desperet et Paravey.

Haut., 0.164; larg., 0.145.

DURER (A.)

148 — Etude pour un *Ecce Homo.*

A la plume. Collection sir J. Reynols.

Haut., 0.180; larg., 0.136.

DURER (A.) ?

149 — La Vierge adorant l'Enfant Jésus.

A la plume.

Haut., 0.185; larg., 0.185.

DYCK (ANTOINE VAN)

150 — Jésus tombant sous le poids de sa croix.

Très beau et important dessins à la plume et lavis de sépia. Très beau cadre en bois sculpté.

Haut., 0.200; larg., 0.165.

DYCK (A. VAN)

151 — Le corps du Christ pleuré par les siens.

Composition de cinq figures. Le corps du Christ est soutenu par saint Jean, tandis que les femmes expriment leur douleur.

Beau dessin à la plume et lavis de bistre. Collections W. J. Ottley et J. C. Robinson.

Haut., 0.210; larg., 0.170.

DYCK (A. VAN)

152 — Laissez venir à moi les petits enfants.

Composition de dix figures. A la plume et lavis de sépia. Collection Marmontel.

Haut., 0.180; larg., 0.190.

DYCK (A. VAN)

153 — Portrait de Charles Ier.

Au crayon noir, sur papier bleu.

Haut., 0.365; larg., 0.260.

DYCK (A. VAN)

154 — Portrait d'homme, représenté à mi-corps dirigé à droite, avec manteau et rabat sur les épaules.

A la pierre noire, sur papier bleu.

Haut., 0.265; larg., 0.210.

ÉCOLE ALLEMANDE, XVᵉ SIÈCLE

155 — Une sainte debout.

A la plume.

Haut , 0,190; larg., 0.072.

ÉCOLE ALLEMANDE, XVᵉ SIÈCLE

156 — Pyrame et Thisbé.

Dessin de forme ronde, à l'encre de Chine, rehaussé de blanc, sur papier bleu.

Diamètre, 0.180.

ÉCOLE ALLEMANDE, XVIᵉ SIÈCLE

157 — Saint Jean dans l'isle de Pathmos.

A la plume et lavis, avec rehauts de blanc, sur papier préparé. Collections Mayer et Choron. Il porte le monogramme P. M. et la date de 1572.

Haut., 0.185; larg., 0.140.

EVERDINGEN (A. VAN)

158 — Vue de Dordrecht.

Aquarelle signée des initiales du maître.

Haut., 0.115; larg., 0.165.

EVERDINGEN (A. VAN)

159 — Bords d'un fleuve.

Joli dessin, à l'encre de Chine. Collection J. Gigoux.

Haut., 0.100; larg., 0.140.

EVERDINGEN (A. VAN)

160 — Marine. Au milieu, un navire battu par la tempête; à gauche, un énorme rocher.

Au lavis de bistre, rehaussé de blanc. Signé des initiales du maître.

Haut., 0.170; larg., 0.295.

EYCK (H. VAN)

161 — Saint Christophe.

A la plume. Collection J. Gigoux.

Haut., 0.140; larg., 0.100.

GOYEN (J. VAN)

162 — Bords de rivière, avec personnages.

A la plume. Signé V. G. au bas de la droite. Collection J. Gigoux.

Haut., 0.100; larg., 0.190.

GOYEN (J. VAN)

163 — Bords de rivière; sur le devant, quelques figures.

Joli dessin à la plume. Collection J. Gigoux.

Haut., 0.100; larg., 0.170.

GOYEN (J. VAN)

164 — Une foire de campagne.

Beau dessin au lavis d'encre de Chine et d'aquarelle. Signé V. G. 1653.

Haut., 0.200; larg., 0.275.

GOYEN (J. VAN)

165 — Vue d'une rivière avec bateaux.

A la pierre noire et encre de Chine, daté de 1654.

Haut., 0.140; larg., 0.235.

GOYEN (J. VAN)

166 — Etudes d'arbres. Au premier plan, un chariot.

A la sanguine,

Haut., 0.220; larg., 0.150.

GOYEN (J. VAN)

167 — Paysage avec rivière s'étendant sur le devant.

Au crayon noir et lavis d'encre de Chine.

Haut., 0.195; larg., 0.305.

GOYEN (J. VAN)

168 — Château au bord d'une rivière.

A la plume et lavis d'encre de Chine.

Haut., 0.125; larg., 0.200.

GOYEN (J. VAN)

169 — Paysage traversé par une rivière chargée de patineurs; à gauche, un village.

A la plume et lavis d'encre de Chine.

Haut., 0.155; larg., 0.220.

5

HOLBEIN (HANS, LE VIEUX)

170 — Feuille de croquis.

A la plume.

Haut., 0.168 ; larg., 0.270.

HUCHTENBURG (J.)

171 — Dans un parc, un écuyer tient par la bride deux chevaux qui se battent.

A la sanguine. Collections de Kat et Goldschmidt.

Haut., 0.140 ; larg., 0.200.

HUYSUM (J. VAN)

172 — Fleurs et fruits.

Au crayon noir et lavis d'encre de Chine.

Haut., 0.412 ; larg., 0.355.

JORDAENS (J.)

173 — L'adoration des bergers.

Beau dessin au bistre, rehaussé de blanc. Collection Mailand.

Haut., 0.335 ; larg., 0.257.

JORDAENS (J.)

174 — Sujet de la passion de Jésus-Christ.

Aux trois crayons.

Haut., 0.228 ; larg., 0.280.

LANGENDYCK (DIRK)

175 — Une cour de ferme, avec personnages et animaux.

Au lavis d'encre de Chine, rehaussé de blanc. Signé.

Haut., 0.250; larg., 0.365.

LANGENDYCK (D.)

176 — Voiture chargée de foin à laquelle sont attelés deux chevaux, dans une cour.

Au lavis de sépia. Signé et daté 1776.

Haut., 0.215; larg., 0.275.

LEYDE (LUCAS DE)

177 — Etudes de têtes.

A la plume. Collections Donnadieu et J. Gigoux.

Haut., 0.090; larg., 0.110.

LEYDE (L. DE)

178 — Le Christ descendu de la croix.

A la plume. Collection Desperet.

Haut., 0.240; larg., 0.165.

LIEVENS (J.)

179 — Un Joueur de vielle.

A la plume et lavis de bistre.

Haut., 0.150; larg., 0.090.

LOMBARD (L.)

180 — L'Aumône. Au verso, un médecin visitant un malade dans un lit.

A la plume et lavis de bistre.

Haut., 0.265; larg., 0.200.

LOUTHERBOURG

181 — Paysage, avec bergers gardant leur troupeau.

Très beau dessin au lavis de sépia.

Haut., 0.380; larg., 0.600.

MAAS (N.)

182 — Femme âgée lisant.

Dessin à la sanguine, de forme ovale, signé du monogramme et daté 1672.

Haut., 0.210; larg., 0.170.

MECKENEN (i.-v.)

183 — Un ange agenouillé en prière.

A la plume, rehaussé de blanc sur papier préparé.
Collection J. Gigoux.

Haut., 0.110 ; larg., 0.95.

METSYS (QUENTIN)

184 — Portrait d'un religieux en buste, tête nue, dirigé à gauche, avec pèlerine rouge doublée d'hermine.

Beau dessin aux trois crayons. Collection J. Gigoux.

Haut., 0.305 ; larg., 0.250.

METSYS (QUENTIN)

185 — Intérieur de village.

Dessin à l'encre et à la pierre noire. Collection J. Gigoux.

Haut., 0.140 ; larg., 0.300.

MIERIS (FRANS VAN)

186 — Portrait d'homme assis, vu jusqu'aux ge-noux, dirigé à droite.

A la plume et lavis de bistre ; a été lithographié.
Collection Goldschmidt.

Haut., 0.160 ; larg., 0.185.

MIERIS (F. VAN)

187 — Jeune femme assise près d'un lit, endormie; à gauche, une servante la regarde.

Beau dessin au crayon noir et mine de plomb. Signé et daté 1660.

Haut., 0.225; larg., 0.180.

MOLYN (P. DE)

188 — Paysage montueux; au milieu, sur une hauteur, un château fort.

Au crayon noir et encre de Chine. Signé.

Haut., 0.115; larg., 0.195.

MOLYN (P. DE)

189 — Paysage avec figures.

A la pierre noire et lavis d'encre de Chine.

Haut., 0.110; larg., 0.175.

MOLYN (P. DE)

190 — Bords d'un canal, — Charrette sur un chemin creux au milieu d'un paysage.

Deux dessins faisant pendants, à la pierre noire et lavis d'encre de Chine. Signés.

Haut., 0.145; larg., 0.190.

NEER (A. VANDER)

191 — Bords d'une rivière.

Dessin à la pierre noire, lavé d'encre et rehaussé de blanc, sur papier bleu. Collection J. Gigoux.

Haut., 0.170; larg., 0.240.

NEER (A. VANDER)

192 — Un port de mer avec pêcheurs sur le devant.

Au crayon noir.

Haut., 0.210; larg., 0.355.

NETSCHER (G.)

193 — Portraits des enfants de Mrs Voshol, née Aersen, à la Haye.

A la plume et lavis d'encre de Chine, sur papier bleu. Collection Goldschmidt.

Haut., 0.360; larg., 0.390.

OSTADE (ADRIEN VAN)

194 — Intérieur d'une chaumière; à droite, une femme assise et un homme debout.

Au crayon noir et lavis de bistre. Collection du marquis de Lagoy.

Haut., 0.165; larg., 0.195.

OSTADE (A. VAN)

195 — La Devideuse à la porte d'une chaumière. Composition de trois figures.

A la plume et lavis d'encre de Chine. Collections van der Willigen, Suermondt et Marmontel.

Haut., 0.180; larg., 0.145.

OSTADE (A. VAN)

196 — Paysans réunis à la porte d'une chaumière.

A la plume et lavis d'encre de Chine, sur papier bleu.

Haut., 0.235; larg., 0.260.

OSTADE (A. VAN)

197 — La Fête sous la treille.

A la plume et lavis d'encre de Chine et de bistre. Composition gravée par le maître.

Haut., 0.110; larg., 0.145.

PASSE (CRISPIN DE)

198 — Portrait d'homme en buste, dirigé à droite, de forme ovale.

A la plume.

Haut., 0.045; larg., 0.035.

POTTER (PAUL)

199 — Vache au pâturage.

> Beau dessin, à la pierre noire. Collection J. Gigoux.
>
> Haut., 0.100; larg., 0.140.

POTTER (P.)

200 — Cerf mort.

> A la pierre noire. Collection J. Gigoux.
>
> Haut., 0.130; larg., 0.190.

POTTER (P.)?

201 — Vaches et moutons à l'abreuvoir.

> A la plume et lavis d'encre de Chine.
>
> Haut., 0.170; larg., 0.220.

REMBRANDT (H. VAN RIYN)

202 — Tobie recouvrant la vue.

> A la plume. Collection J. Gigoux.
>
> Haut., 0.210; larg., 0.175.

REMBRANDT (H. VAN R.)

203 — Tobie et l'ange.

> A la plume et lavis de bistre.
>
> Haut., 0.190; larg., 0.200.

REMBRANDT (H VAN R.)

204 — Le Christ chez Simon.

> Important dessin à la plume et lavis de bistre.
> Collection J. Gigoux.

> Haut., 0.170; larg., 0.250.

REMBRANDT (H. VAN R.)

205 — Jésus apparaissant à la Madeleine sous la figure d'un jardinier.

> Beau dessin à la plume.

> Haut., 0.155; larg., 0.145.

REMBRANDT (H. VAN R.)

206 — Mort d'un patriarche. Sujet biblique.

> Très importante composition de vingt figures. A la plume et lavis de sépia.

> Haut., 0.225; larg., 0.350.

REMBRANDT (H. VAN R.)

207 — Le Voyageur endormi. Jeune homme couché par terre et dormant; près de lui, son bagage.

> À la plume. Collections sir Thomas Lawrence et Esdaile.

> Haut., 0.100; larg., 0.130.

REMBRANDT (H. VAN R.)

208 — Deux hommes s'entretenant ensemble.

A la plume. Collection Claussin.

Haut., 0.125 ; larg., 0.80.

REMBRANDT (H. VAN R.)

209 — Vieille Mendiante debout.

A la plume et lavis de sépia.

Haut., 0.140 ; larg., 0.080.

REMBRANDT (H. VAN R.)

210 — Un Astrologue ; — Vieillard écrivant ; —un vieux Juif.

Trois dessins à la plume dans un même cadre.

REMBRANDT (H. VAN R.)

211 — Portrait d'un jeune homme avec plume au chapeau.

A la plume et lavis de sépia. Collection Andreossy.

Haut., 0.080 ; larg., 0.062.

REMBRANDT (H. VAN R.)

212 — Paysage.

A la plume et lavis d'encre de Chine. Collections
Bagelaar et Neville de Goldschmidt.

Haut., 0.115; larg., 0.210.

REMBRANDT (H. VAN R.)

213 — Groupe de maisons près d'un cours d'eau.

Précieux dessin à la pierre noire. Collections
Andreossi et J. Gigoux.

Haut., 0.110; larg., 0.160.

RUBENS (P.-P.)

214 — Sainte Famille.

A la plume avec lavis de bistre et encre de Chine.
Collections Paignon-Dijonval et Tb. Lawrence.

Haut., 0.175; larg., 0.130.

RUBENS (P.-P.)

**215 — Etudes de têtes d'enfants pour le tableau de
l'Assomption, au Louvre.**

Au crayon noir.

Haut., 0.150; larg., 0.195.

RUBENS (P.-P.)

216 — Etude d'homme vu de dos.

Au crayon noir, rehaussé de blanc, sur papier bleu.

Haut., 0.267; larg., 0.355.

RUYSDAEL (JACQUES)

217 — Paysages avec ruines.

Deux très beaux dessins faisant pendants, au crayon noir et lavis d'encre de Chine. Collections Esdaile et Falkenstein.

Haut., 0.195; larg., 0.285.

RUYSDAEL (J.)

218 — Habitations près d'une route ; au milieu, un bouquet d'arbres.

A la pierre noire, lavé d'encre de Chine. Collection J. Gigoux.

Haut., 0.180; larg., 0.270.

RUYSDAEL (J.)

219 — Paysage traversé par une rivière.

A la pierre noire. Collection J. Gigoux.

Haut., 0.090; larg., 0.190.

RUYSDAEL (J.)

220 — Chaumière sur le bord d'un ruisseau.

A la pierre noire, signé. Collection J. Gigoux.

Haut., 0.355; larg., 0.480.

RUYSDAEL (J.)

221 — Chaumières près d'une route.

A la pierre noire, lavé d'encre de Chine. Collection J. Gigoux.

Haut., 0.165; larg., 0.300.

RUYSDAEL (J.)

222 — Paysage traversé par un chemin sur lequel s'avance une charrette.

A la plume et lavis d'encre de Chine.

Haut., 0.140; larg., 0.185.

RUYSDAEL (J.)

223 — Paysage aux palissades.

A la pierre noire et lavis d'encre de Chine.

Haut., 0.145; larg., 0.190.

RUYSDAEL (J.)

224 — Bords d'un canal en Hollande.

A la pierre noire et lavis d'encre de Chine.

Haut., 0.175; larg., 0.210.

SAFTLEVEN (ʜ.)

225 — Paysages; à gauche, deux grands arbres.

A l'estompe.

Haut., 0.188 ; larg., 0.265.

DU SART (ᴄᴏʀɴᴇɪʟʟᴇ)

226 — Marchant ambulant, roulant une brouette.

Au lavis de bistre.

Haut., 0.200 ; larg., 0.145.

DU SART (ᴄ.)

227 — Un Buveur assis.

A la sanguine et crayon noir.

Le Patineur.

Au lavis d'encre de Chine. Deux dessins. Collection Goldschmidt.

SWANWELT (ʜᴇʀᴍᴀɴɴ)

228 — Nymphes et amours dans un paysage.

Au lavis de bistre.

Haut, 0.130 ; larg., 0.195.

TENIERS (DAVID)

229 — Jeune seigneur faisant l'aumône.

Au crayon noir.

Haut , 0.170; larg., 0.140.

TENIERS (D.)

230 — Chaumières au bord d'un chemin.

Au lavis d'encre de Chine et de bistre. Collection Van Noort et Goldschmidt.

Haut., 0.118; larg., 0.145.

TERBURG (G.)

231 — Jeune femme à sa toilette ; sa soubrette est debout derrière elle.

Au lavis de bistre. Collections Ploos van Amstel; Gole et Paignon-Dijonval.

Haut., 0.305; larg., 0.255.

TERBURG (G.)

232 — Un officier assis, buvant.

Aux crayons noir et blanc. Collections Hoofmann et Lambrugen.

Haut., 0.275; larg., 0.180.

TERBURG (G.)

233 — Jeune homme assis. — Homme debout.

Deux dessins au crayon noir, sur papier teinté.
Collections Bagelaar, Lembruggen et Goldschmidt.

VELDE (GUILLAUME VAN DE)

234 — Gros temps : cinq barques ou navires poussés par un vent violent fuient vers la droite.

A la plume, avec lavis d'encre de Chine, signé.
Collection Gallichon.

Haut., 0.125; larg., 0.265.

VELDE (G. VAN DE)

235 — Entrée d'un port de mer, avec personnages sur le devant.

Beau dessin à la plume et lavis d'encre de Chine, signé du monogramme de l'artiste. Collection J. Gigoux.

Haut., 0.185; larg., 0.195.

VELDE (G. VAN DE)

236 — Marine par un temps calme.

Au lavis d'encre de Chine, portant les initiales du maître. Collection J. Gigoux.

Haut., 0.180; larg., 0.310.

6

VELDE (G. VAN DE)

237 — Bataille navale.

A la plume et lavis d'encre de Chine. Collection Bagelaar et Goldschmidt.

Haut., 0.360; larg., 0.390.

VELDE (G. VAN DE)

238 — Marine par un temps calme.

Beau dessin à la plume et lavis d'encre de Chine et bistre ; en haut une inscription en hollandais.

Haut., 0.180; larg., 0.280.

VELDE (G. VAN DE)

239 — Combat naval.

A la plume et lavis d'encre de Chine.

Haut., 0.160; larg., 0.190.

VELDE (G. VAN DE)

240 — Entrée d'un port, avec personnages sur le devant.

A la plume et lavis de bistre.

Haut., 0.120; larg., 0.110.

VELDE (G. VAN DE)

241 — Marine par un temps calme.

A la plume et lavis d'encre de Chine. Signé.

Haut., 0.140; larg., 0.195.

VELDE (ADRIEN VAN DE)

242 — L'Ange apparaissant à Agar. — Tobie et l'Ange. — Agar et l'Ange.

Trois dessins à la plume et lavis d'encre de Chine. Collections de Kat et Goldschmidt.

Haut., 0.230; larg., 0.220.

VELDE (A. VAN DE)

243 — Diane découvrant la grossesse de Calisto.

Au lavis d'encre de Chine, portant les initiales du maître. Collection Ploos Van Amstel.

Haut., 0.160; larg., 0.208.

VELDE (A. VAN DE)

244 — Jeune homme debout, vu jusqu'aux genoux.

A la sanguine.

Haut., 0.190; larg., 0.150.

VELDE (A. VAN DE)

245 — La Vache qui pâture.

Beau dessin au lavis d'encre de Chine et au bistre

Hant., 0.185; larg., 0.245.

VERBOECKHOVEN (EUGÈNE)

246 — Vaches et moutons au pâturage.

Beau dessin au crayon noir, rehaussé de blanc. Signé et daté de 1869.

Haut., 0.285; larg., 0.470.

VISSCHER (CORNEILLE)

247 — Portrait d'un prince de la maison d'Orange, représenté debout, vu jusqu'aux genoux.

Au crayon noir, rehaussé de blanc, sur papier teinté. Signé au haut de la gauche.

Haut., 0.355; larg., 0.270.

VISSCHER (c.)

248 — Jeune homme lisant.

Au crayon noir, rehaussé de blanc, sur papier bleu.

Haut., 0.175; larg., 0.160.

VISSCHER (c.)

249 — Portrait de femme en buste, dirigée à droite.

Au crayon noir. Collection J. Gigoux. De forme ovale.

Haut., 0.180; larg., 0.145.

WATERLOO (A.)

250 — Paysages.

Deux dessins au crayon noir et lavis d'encre de Chine.

WEYDEN (ROGER VANDER), nommé ROGER DE *Bruges*

251 — Un Religieux recevant les ordres. Composition de trois figures.

A la plume et lavis, sur papier teinté.

Haut., 0.225 ; larg., 0.210.

WIERIX (JEAN)

252 — Portrait d'homme.

Le personnage est représenté en buste, dirigé vers la droite. Il a des moustaches et une barbe très mince, un large col tuyauté et un pourpoint avec des manches à crevés, avec inscription : « Ao. 15(8)6, *ætatis svæ* 29. »

253 — Portrait de femme.

Probablement l'épouse du personnage précédent. Elle est vue de trois quarts à gauche, également en buste, coiffée d'un bonnet ; porte une fraise tuyautée et un riche costume. A droite la signature : « *Joham W. F.* »

Charmants dessins à la plume, d'une extrême finesse d'exécution, de forme ronde.

Diamètre, 0.70.

Nous n'avons pas rencontré ces portraits dans l'œuvre gravé des Wierix.

WOUWERMANS (PHILIPPE)

254 — Voyageurs avec leurs chevaux dans une cour d'auberge.

Le Manège.

Deux dessins faisant pendants, au crayon noir et lavis d'encre de Chine.

Haut., 0.385; larg., 0.270.

WOUWERMANS (PH.)

255 — Le Manège en plein air.

Un cavalier occupé à faire exécuter, par son cheval, des manœuvres de manège sur un terrain disposé dans ce but. Au second plan, un homme mène un cheval par la bride. Signé au haut : P. W. Charmant dessin au lavis d'encre de Chine.

Haut., 0.110; larg., 0.145.

WOUWERMANS (PH.)

256 — Un Marchand ambulant.

Au crayon noir et lavis d'encre de Chine. Signé des initiales du maître.

Haut., 0.120; larg., 0.100.

ÉCOLES

FRANÇAISE ET ANGLAISE

DELLA BELLA (ÉTIENNE)

257 — Fête équestre.

Quantité de cavaliers faisant des évolutions, tenant des rubans de diverses couleurs. Un groupe d'écuyers tiennent des torches allumées.

Beau dessin à la plume et lavis d'aquarelle. Collection G. Vallardi.

Haut., 0.330 ; larg., 0.230.

DELLA BELLA (ÉT.)

258 — Rencontre de deux commandants d'armées sur un champ de bataille.

Composition dans une bordure ovale formée de palmes. A la plume et lavis d'encre de Chine.

Haut., 0.170 ; larg., 0.138.

BELLANGÉ (H.)

259 — L'empereur Napoléon signant son abdication.

Au crayon noir et lavis d'aquarelle. Signé des initiales de l'artiste.

Haut., 0.090; larg., 0.072.

BOILLY (L.)

260 — Portrait de Désaugiers.

Au crayon noir et lavis d'encre de Chine.

Haut., 0.230; larg., 0.200.

BOILLY (L.)

261 — Portrait de femme.

Au crayon noir, rehaussé de blanc, de forme ronde.

Diamètre, 0.185.

BONINGTON (R. P.)

262 — La Visite du médecin.

Aquarelle, signée R. P. B. 1820.

Haut., 0.130; larg., 0.095.

BONINGTON (R. P.)

263 — Chemin creux traversant un bois. Au milieu, une chaumière.

Au lavis de bistre, signé des initiales du maître.

Haut., 0.150; larg., 0.220.

BONINGTON (R. P.)

264 — Marée montante, sur le devant, des pêcheurs
et bateaux.

Aquarelle, signée à gauche : R. P. Bonington.

Haut., 0.150; larg., 0.210.

BOUCHER (FRANÇOIS)

265 — Vénus couchée, entourée d'amours.

Au crayon noir.

Haut., 0.160; larg., 0.215.

BOUCHER (F.)

266 — Vénus donnant du nectar à l'Amour.

Beau dessin au crayon noir, rehaussé de blanc.

Haut., 0.175; larg., 335.

BOUCHER (F.)

267 — L'Amour et les Grâces.

Beau dessin au crayon noir, rehaussé de blanc.

Haut., 0.160; larg., 0.355

BOUCHER (F.)

268 — Diane servie par les Amours.

A la sanguine. Collection Deshays.

Haut., 0.185; larg., 0.210.

BOUCHER (F.)

269 — Jeune Bohémienne tenant un enfant; dans le fond, à droite, deux têtes d'hommes.

Au crayon noir, rehaussé de blanc.

Haui, 0.290; larg., 0.240.

BOUCHER (F.)

270 — Jeune Bohémienne avec deux enfants, se reposant.

Au crayon noir, rehaussé de blanc.

Haut., 0.280; larg., 0.200.

BOUCHER (F.)

271 — Jeune femme à genoux, jouant de la mandoline.

Beau dessin aux trois crayons.

Haut., 0.280; larg., 0.205.

BOUCHER (F.)

272 — Jeune fille portant une corbeille de fleurs.

Au crayon noir, rehaussé de blanc, sur papier
teinté.

Haut., 0.290; larg., 0.185.

BOUCHER (F.)

273 — Etudes de têtes d'anges.

Deux dessins aux trois crayons.

Haut., 0.185; larg., 0.145.

BOUCHER (F.)

274 — Paysage avec figures et animaux.

Beau dessin à la pierre noire et à l'estompe,
rehaussé de blanc, sur papier teinté.

Haut., 0.370; larg., 0.480.

BOUCHER (F.)

275 — Paysage avec chaumières.

Beau dessin au crayon noir.

Haut., 0.310; larg., 0.465.

BOZE

276 — Portrait de Mme Boze.

Au lavis d'encre de Chine, de forme ovale.

Haut., 0.100; larg., 0.075.

CARMONTELLE (L.-C. de)?

277 — Portrait de femme en buste, de forme ovale. On dit la chevalière d'Eon de Beaumont.

Au crayon noir et aquarelle.

Haut., 0.070; larg., 0.060.

CAUVET (G.-P.)

278 — Arabesque. Au milieu, un bouclier avec attributs guerriers.

A la plume.

Haut., 0.350; larg., 0.090.

CAUVET (G.-P.)

279 — Arabesque en hauteur.

A la plume et lavis de sépia.

Haut., 0.180 ; larg., 0.115.

CHAMPAGNE (PHILIPPE DE)

280 — Portrait d'un prélat.

Au crayon noir.

Haut., 0.225 ; larg., 0.180.

CHARDIN (J.-B.-S.)

281 — Intérieur.

Au milieu, un lit ; à gauche, une cheminée ; à droite, une jeune femme, assise près d'une fenêtre, lit une lettre. Très beau dessin à la plume et lavis d'encre de Chine.

Haut., 0.290 ; larg., 0.485.

CHARDIN (J.-B.-S.)

282 — Trois femmes assises, causant.

Beau dessin au crayon noir.

Haut., 0.290 ; larg., 0.400.

CLOUET (JEHANNET)

283 — Portrait de femme. En buste, dirigée à gauche, avec bonnet en broderies et voile noir tombant par derrière.

Très beau et précieux dessin aux trois crayons. Collection Timbal.

Haut., 0.300 ; larg., 0.220.

CLOUET (JEHANNET)

284 — Portrait de Paul de Couché-Lusignan.

Beau dessin aux trois crayons. Collection Marmontel.

Haut., 0.230 ; larg., 0.170.

COURTOIS (J.), dit LE BOURGUIGNON

285 — Officier faisant un signe de commandement.

A la plume et lavis de bistre. Collection Denon.

Haut., 0.137 ; larg., 0.215.

ÉCOLE FRANCAISE, XVIIᵉ SIÈCLE

286 — Portrait d'un jeune seigneur.

A la plume et lavis d'encre de Chine.

Haut., 0.130 ; larg., 0.085.

EISEN (CH.)

14 287 — Les Enfants guerriers. Fleuron pour un
livre.

Au lavis d'encre de Chine.

Haut., 0.060; larg., 0.075.

DAUBIGNY

288 — Entrée d'un port.

Au fusain. Signé et daté juillet 1866.

Haut., 0.320; larg., 0.495.

DAUBIGNY

289 — Vues d'un port de mer, de deux côtés différents.

Deux dessins au crayon noir et estompe, provenant de la vente Daubigny.

Haut., 0.240; larg., 0.420.

DAUBIGNY

13 290 — Une cour d'usine.

A la pierre noire et mine de plomb. Signé.

Haut., 0.120; larg., 0.220.

DAVID (LOUIS)

291 — Régulus retournant à Carthage.

A la pierre noire, rehaussé de blanc, sur papier de couleur. Collection Desperet.

Haut., 0.315 ; larg., 0.415.

DAVID (L.)

292 — Tête de profil à droite.

A la pierre d'Italie. Collection J. Gigoux.

DAVID (L.)

293 — Portrait de Grétry.

A la pierre d'Italie. Collection J. Gigoux.

Haut., 0.170 ; larg., 0.130.

DECAMPS

294 — Les Joueurs de boule.

Au crayon noir et mine de plomb, rehaussé de blanc.

Haut., 0.118 ; larg., 0.200.

DECAMPS

295 — Vue d'Orient.

Au fusain. Signé des initiales du maître.

Haut., 0.200 ; larg., 0.270.

DECAMPS

296 — Etude de rocher.

A la pierre noire et estompe, rehaussé de blanc.
Signé des initiales du maître.

Haut., 0.215; larg., 0.270.

DELAFOSSE (J.-CH.)

297 — Fleuron. Emblème de la puissance papale.

Au lavis de bistre. A été gravé.

Haut., 0.245; larg., 0.190.

DELAROCHE (PAUL)

298 — Marie-Antoinette devant le tribunal révolutionnaire. Etude pour son tableau.

A la mine de plomb.

Haut., 0.135; larg., 0.105.

DELAROCHE (P.)

299 — Etude de draperie.

Enfant couché. Etude pour *les Enfants d'Édouard.*

Deux dessins au crayon noir et mine de plomb.

DROUAIS

300 — Tête de jeune garçon.

Aux trois crayons.

Haut., 0.200; larg., 0.190.

DROUAIS

301 — Trois têtes d'enfants sur une même feuille.

Aux trois crayons.

Haut., 0.210; larg., 0.280.

DUMONSTIER (P.)

302 — Portrait d'un vieillard. En buste.

Fin dessin, à l'estompe, légèrement coloré à la sanguine. Collection J. Gigoux.

Haut., 0.113; larg., 0.92.

DUMONSTIER (P.)

303 — Portrait de femme. En buste, dirigée à droite, corsage décolleté, les cheveux tombant sur les épaules.

A la pierre noire et lavis d'aquarelle. Collection Mariette.

Haut., 0.285; larg., 0.210.

DUMONSTIER (F.)

304 — Portrait présumé de Jacques Amyot.

Aux deux crayons. Collection Desperet.

Haut., 0.170 : larg., 0.135.

DUMONSTIER (P.)

305 — Portrait de Pascal.

A la pierre noire, rehaussé de sanguine.

Haut., 0.355 ; larg., 0.250.

FIELDING (NEWTON)

306 — Chasse aux canards sauvages. Paysage d'une vaste étendue.

Aquarelle, signée et datée de 1824.

Haut., 0.170; larg., 0.240.

FIELDING (N.)

307 — Poules dans un paysage.

Aquarelle, signée et datée 1823.

Haut., 0.135 ; larg., 0.190.

308 — Etudes d'animaux sauvages et domestiques, sur deux feuilles.

Deux dessins à la plume. Collection Th Dims-
dale.

Haut., 0.167; larg., 0.218.

FONTALA

309 — Portrait d'Horace Vernet.

A la mine de plomb et lavis d'aquarelle.

Haut., 0.135 ; larg., 0.130.

FRAGONARD (HONORÉ)

310 — L'Adoration des mages.

Dessin très capital, au lavis de bistre, rehaussé
de blanc.

Haut., 0.570; larg., 0.420.

RAGONARD (H.)

311 — Jeunes femmes et enfants à la fontaine, de la gauche arrivent des bœufs et vaches.

A la plume et lavis de bistre.

Haut., 0.250; larg., 0.385.

FRAGONARD (H.)

312 — Entrée d'un parc, avec architecture et statues, sur le devant quelques figures.

Au lavis de bistre.

Haut., 0.210; larg., 0.295.

FRAGONARD (H.)

313 — Entrée d'un parc, avec personnages sur le devant.

A la sanguine.

Haut., 0.220; larg., 0.190.

FRAGONARD (H.)

314 — Chariot attelé de bœufs, à l'entrée d'un arc de triomphe.

A la plume et lavis de sépia. Collection Mâiland.

Haut., 0.190; larg., 0.260.

FRAGONARD (H.)

315 — Défilé d'une mascarade à Rome.

Au crayon noir. Collection Valferdin.

Haut., 0.145; larg., 0.220.

FRAGONARD (H.)

316 — Buste de Bacchante.

A la plume avec lavis de bistre et d'aquarelle.

Haut., 0.175; larg., 0.150.

FRAGONARD (H.)

317 — Nymphe couchée sur des draperies.

Au lavis d'encre de Chine.

Haut., 0.310; larg., 0,370.

FREUDEBERG (S.)

318 — Dans un salon, un jeune homme apprend à une femme la manière de former les lettres. Une autre femme debout examine les premiers essais.

Au lavis de sépia.

Haut., 0.210; larg., 0.170.

GÉRICAULT (THEODORE)

319 — Hercule et une divinité. Au verso, un satyre faisant violence à une nymphe.

Très beau dessin à la plume et lavis d'encre de Chine et sépia.

Haut., 0.210; larg., 0.130.

GÉRICAULT (TH.)

320 — La chute du cavalier.

A la plume et lavis d'encre de Chine.

Haut., 0.155 ; larg., 0.190.

GÉRICAULT (TH.)

321 — Buste d'homme nu..

A la plume.

Haut., 0.285 ; larg., 0.205.

GOUNOD

322 — Martyr d'un saint.

Au crayon noir et mine de plomb. Signé

Haut., 0.135 ; larg., 0.105.

GREUZE (JEAN-BAPTISTE)

323 — La cruche cassée.

Très belle étude au crayon noir, rehaussée de blanc, de forme ovale.

Haut., 0.400 ; larg., 0.310.

GREUZE (J.-B.)

324 — Trois Vestales devant un empereur romain.

Très beau et important dessin à la plume et lavis de sépia.

Haut., 0.475 ; larg. 0.540.

GREUZE (J.-B.)

325 — Soupir de l'innocence.

Au crayon noir, rehaussé de blanc.

Haut., 0.510 : larg., 0.390.

GREUZE (J.-B.)

326 — Tête de jeune fille.

Etude à la sanguine pour un de ses tableaux.

Haut., 0.395 ; larg., 0.310.

GREUZE (J.-B)

327 — Tête de jeune fille, les yeux en l'air.

A la sanguine.

Haut., 0.360 ; larg., 0.305.

GREUZE (J.-B.)

328 — Femme et enfant.

A la plume et lavis d'encre de Chine. Collection J. Gigoux.

Haut., 0.220 ; larg., 0.230.

GREUZE (J.-B.)

329 — Le déjeuner du matin.

A la plume et lavis d'encre de Chine.

Haut., 0.475 ; larg., 0.540.

GREUZE (J.-B.)

330 — Amour sur un piédestal. Deux études pour le même sujet, sur la même feuille.

A la sanguine.

Haut., 0.295 ; larg., 0.220.

GREUZE (J.-B.)

331 — Études de têtes et femme en prières.

Quatre dessins à la sanguine.

INGRES

332 — Le maréchal de Bervick est décoré de l'ordre de la Toison d'or, par Philippe V.

Dessin très capital à la plume et lavis d'encre de Chine, signé au bas de la droite : *Ingres in et Pinx roma* 1813. Au dessous, outre le titre sous lequel nous indiquons le sujet écrit de la main de Ingres, on lit également écrit par lui, cette dédicace : « Ingres, à son ami monsieur Dumont. » Très richement encadré dans un cadre en bois sculpté.

Haut., 0.385 ; larg., 0.495.

INGRES

333 — L'enfant au fauteuil. Une petite fille vue de face est assise dans un très grand fauteuil, style Louis XIV.

Précieux dessin à la mine de plomb, signé au bas à gauche : *Ingres Rom* 1818. Collection Lehman.

Haut., 0.260 ; larg., 0.190.

INGRES

334 — Portrait de sir William Larsnart.

Dessin à la mine de plomb, rehaussé de blanc. Signé : *fait à Florence en* 1823. Collection J. Gigoux.

Haut., 0.220 ; larg., 0.175.

INGRES

335 — Portrait de Mr Kenjon (Anglais).

Joli dessin au crayon noir et mine de plomb, *Ingres del, Rom.* 1818.

Haut., 0.140 ; larg., 0.105.

INGRES

336 — Portrait d'homme, vu de profil, dirigé à droite.

A la mine de plomb et lavis d'encre de Chine et d'aquarelle. Signé : Ingres 1825.

Haut., 0.220 ; larg., 0.170.

INGRES

337 — Jeune fille assise, tenant un chien sur ses genoux.

A la mine de plomb. Signé.

Haut., 0.280 ; larg., 0.200.

INGRES

338 — Apothéose d'Homère.

Dessin au crayon noir sur papier calque, comme trait explicatif de la célèbre composition du maître.

Haut., 0.315 ; larg., 0.880.

INGRES

339 — Saint-Georges combattant le dragon. Etude pour son tableau.

Très beau dessin à la pierre noire, rehaussé de blanc. Tiré au carreau.

Haut., 0.410 ; larg., 0.310.

INGRES

340 — La Fornarina : étude d'après nature pour le tableau de *Raphaël et la Fornarina*.

Beau dessin à la mine de plomb. Signé.

Haut., 0.245 ; larg., 0.185.

INGRES

341 — Andromède.

Au crayon noir et mine de plomb. Tiré au
carreau.

Haut., 0.385 ; larg., 0.250.

INGRES

**342 — Cérémonie religieuse dans un couvent de
moines.**

A la mine de plomb, rehaussé de blanc.

Haut., 0.135 ; larg., 0.210.

INGRES

343 — Etudes pour *Saint Symphorien*.

Au crayon et lavis. Au bas de la droite on lit :
A son élève et ami H. Léeman Ingres.

INGRES

344 — Etude pour *Jésus au milieu des docteurs*.

Au crayon noir, signé au bas à gauche.

INGRES

345 — Croquis.

A la mine de plomb, rehaussé de blanc. Signé.

INGRES

346 — Études. Trois dessins dans un même cadre.

A la pierre noire, signés.

INGRES

347 — Croquis et études diverses.

Huit dessins à la plume, au crayon noir et sanguine.

INGRES

348 — Étude de femme drapée, pour la *Vierge à l'hostie*.

A la pierre noire. Signé.

Haut., 0.390 ; larg., 0.195.

INGRES

349 — Études de bras et de mains.

Deux dessins au crayon noir.

JACQUE (CH.)

350 — Paysage où est représenté l'enfant prodigue gardant les porceaux.

Au crayon noir et fusain. Signé.

Haut., 0.265 ; larg., 0.340.

JONGKING (J.-B.)

351 — Vue de la mer à Sainte-Adresse.

Au crayon noir et aquarelle. Au bas à droite, on lit : *St-Adresse* 1861, *par J.-B. Joncking, Souvenirs à Monsieur Martin.*

Haut., 0.290 ; larg., 0.460.

LAGNEAU ou LANNEAU

352 — Portrait d'homme. En buste, de trois quarts à droite ; cheveux noirs relevés, barbe et moustaches grises. Il porte un vêtement à larges manches, bordé de fourrures.

Au crayon noir, légèrement coloré au pastel. Collection Fillon.

Haut., 0.110 ; larg., 0.100.

LAGNEAU ou LANNEAU

353 — Portrait d'homme. En buste de trois quarts, tourné légèrement à droite ; cheveux noirs crépus, barbe et moustaches relevés en pointe ; veste grise ; large col rabattu.

Aux trois crayons. Collection Fillon.

Haut., 0.120 ; larg., 0.090.

LAGNEAU ou LANNEAU

354 — Portrait de François Rabelais. En buste, dirigé à droite et lisant une lettre.

Beau dessin aux trois crayons. En haut, le nom du personnage.

Haut., 0.410; larg., 0.285.

LAGNEAU ou LANNEAU

355 — Vieille femme en buste, comptant des pièces d'or.

Aux trois crayons.

Haut., 0.420; larg., 0.287.

LAMI (EUGÈNE)

356 — Un bal d'enfants à la cour.

Dessin à deux compartiments. Le compartiment de gauche représente un groupe d'enfants faisant l'assaut d'un domestique en livrée qui porte un plateau chargé de gâteaux. Dans le compartiment de droite sont représentés quelques enfants obéissant aux lois de la nature. Très beau dessin à l'aquarelle. Signé : *E. L.* 1840, au bas de la gauche.

Haut., 0.180; larg , 0.405.

LAMI (EUG.)

357 — Officier d'artillerie Louis XV.

> Aquarelle. Au bas, on lit le titre ci-dessus, et au-dessous : *dessiné par M. E. Lami pour le bal du duc d'Orléans. Février 1842.*

> Haut., 0.260 : larg., 0.190.

LANCRET (NICOLAS)

358 — Personnage dans un parc.

> Au crayon noir, sur papier bleu. Collection J. Gigoux.

> Haut., 0.415; larg,, 0.320.

LANCRET (N.)

359 — Croquis pour ses compositions.

> Douze dessins à la sanguine qui seront vendus séparément sous ce numéro.

LANCRET (N.)

360 — Portrait de Mlle Lenoir, épouse de M. Guyot de Reverseaux.

> A la sanguine.

> Haut., 0.080; larg., 0.070.

LARGILLIÈRE (NICOLAS DE)

361 — Portrait d'homme, vu à mi-corps, un large manteau en velours posé sur l'épaule.

Au lavis d'encre de Chine, rehaussé de blanc. Collection J. Gigoux.

Haut., 0.135; larg., 0.110.

LAWRENCE (SIR THOMAS)

362 — Portrait de jeune femme.

A la mine de plomb, légèrement coloré à l'aquarelle. Collection J. Gigoux.

Haut., 0.160; larg., 0.125.

LEPICIÉ

363 — Portrait d'homme. En buste, dirigé à gauche, avec perruque poudrée, de forme ronde.

Au crayon noir et sanguine. Au bas on lit: *Lépicié amicus amicorum delineavit octobre* 1782.

Diamètre, 0.125.

8

LORRAIN (CLAUDE GELÉE, dit LE)

364 — Paysage.

A gauche, de grands arbres; au centre, un groupe de personnages se disposant à faire un sacrifice devant un monument où se trouve la statue d'une déesse. Dans le fond, une ville; à l'horizon, des montagnes.

Très belle composition à la plume et au bistre, sur papier teinté rehaussé de blanc à la gouache. Collection B. Fillon.

Haut., 0.270; larg , 0.400.

LORRAIN (CL. G., dit LE)

365 — Trois femmes en voyage; chacune d'elles porte un fardeau; un jeune garçon marche à leurs côtés.

Très beau dessin à la plume et lavis de sépia. Collection Benjamin West.

Haut., 0.115; larg., 0.190.

LORRAIN (CL. G., dit LE)

366 — Le Départ pour la chasse.

A la plume et lavis d'encre de Chine, rehaussé de blanc, sur papier bleu. Collection Houlditch et Robinson.

Haut., 0.120; larg., 0.190.

LORRAIN (CL. G., dit LE)

367 — Paysage avec grands arbres, coupé par un cours d'eau.

Au lavis de sépia. Collection J. Gigoux.

Haut., 0.160; larg., 0.210.

LORRAIN (CL. G., dit LE)

368 — Paysage; au milieu, un monument; à gauche, un gros arbre.

Au lavis de sépia.

Haut., 0.210; larg., 0.330.

LORRAIN (attribué à CL. G., dit LE)

369 — Paysage représentant les ruines d'un temple envahies par une végétation sauvage.

A la plume et lavis de bistre. Collection Robinson.

Haut., 0.197; larg., 0.250.

MEISSONNIER (E.)

370 — Ouvrier d'un port de mer.

Beau dessin au crayon noir et sanguine.

Haut., 0.195; larg., 0.140.

MEISSONNIER (E.)

371 — Deux cavaliers à la porte d'une auberge.

Aquarelle, signée du monogramme du maître.

Haut., 0.250; larg., 0.305.

MEISSONNIER (E.)

372 — Marat porté à la Convention.

Au crayon noir et mine de plomb.

Haut., 0.055; larg., 0.070.

MEISSONNIER (E.)

373 — Massacre d'un moine.

Aquarelle.

Etude d'habit et de chapeaux.

A la mine de plomb.

Deux anges tenant une banderole.

A la plume.

Trois dessins dans un même cadre, de la jeunesse du maître.

MEISSONNIER (e.)

374 — Seigneur et dame lisant une lettre qu'un page vient de leur remettre.

Aquarelle.

Haut., 0.200 ; larg., 0.165.

Vue d'un palais.

Au crayon noir et aquarelle.

Haut., 0.115 ; larg., 0.134.

Deux dessins dans un même cadre, de la jeunesse du maître.

MEISSONNIER (e.)

375 — Vue de l'ancienne Morgue.

Aquarelle.

Vue de l'ancien Paris.

A la mine de plomb.

Deux dessins dans un même cadre, de la jeunesse du maître.

MICHEL

376 — Entrée d'une ville en Hollande.

Au crayon noir et lavis d'aquarelle.

Haut., 0.180 ; larg., 0.295.

MILLET (J.-F.)

377 — Homme attaché à une colonne.

Au crayon noir, sur papier bleu.

Haut., 0.315; larg., 0.135.

MOREAU (J.-M.)

378 — Composition in-8° pour *l'Énéide*.

Au lavis de bistre, rehaussé de blanc.

Haut., 0.095; larg., 0.065.

MOREAU (J.-M.)

379 — Le Tête-à-tête.

Deux personnages, homme et femme, dans un intérieur Louis XVI.
Très belle gouache.

Haut., 0.305; larg., 0.255.

MOREAU (J.-M.)

380 — Vue de la place Louis XV, à Paris.

A la plume et lavis de sépia, signé au bas à gauche et daté 1770. La gravure de J.-B. Tillard, d'après Moreau, accompagne ce dessin.

Haut., 0.104; larg., 0.155.

MOUCHERON (ISAAK DE)

381 — Vue de Tivoli. — Le Temple des Sibylles et les Cascatelles de Tivoli.

> Deux dessins au lavis d'encre de Chine, faisant pendants. Collections de Kat et Goldschmidt.
>
> Haut., 0.230; larg., 0.310.

NATTIER

382 — Portraits. — Le Vidame de Vassé et M. Barbou.

> Deux dessins à la sanguine, faisant pendants.
>
> Haut., 0.110; larg., 0.090.

OUDRY (J.-B.)

383 — Les Jeux du Colin-Maillard et du pied-de-bœuf.

> Beau dessin aux crayons noir et blanc, sur papier bleu. Collection Mailand.
>
> Haut., 0.285; larg., 0.390.

OUVRIÉ (J.)

384 — Vue de l'abbaye d'Hautecombe, 8 août 1867.

> Au crayon noir et mine de plomb.
>
> Haut., 0.230; larg., 0.320.

PORTAIL (ANT.)

385 — Jeune femme en buste, dirigée à droite.

A la sanguine.

Haut., 0.130; larg., 0.097.

POUSSIN (NICOLAS)

386 — Dieu maudit Caïn après le meurtre d'Abel. Au verso, un choc de cavalerie.

Très beau dessin à la plume et au lavis de bistre. Collections Desperet et Paravey.

Haut., 0.210; larg., 0.265.

POUSSIN (N.)

387 — Moïse présenté à la fille de Pharaon.

Au crayon et lavis de sépia, mis au carreau. Collection J. Gigoux.

Haut., 0.240; larg., 0.395.

POUSSIN (N.)

388 — Danse des Israélites devant le veau d'or.

A la plume.

Haut., 0.220; larg., 0.295.

POUSSIN (N.)

389 — Jugement de Salomon.

A la plume, légèrement lavé à la sépia. Collection J. Gigoux.

Haut., 0.170; larg., 0.265.

POUSSIN (N.)

390 — Le Ravissement de saint Paul. Première pensée pour le tableau du musée du Louvre.

Le trait à la plume, ombré d'une teinte bleutéc. Collection J. Gigoux.

Haut., 0.240; larg., 0.180.

POUSSIN (N.)

391 — Le Repos de la Sainte Famille.

Au lavis de sépia. Collection J. Gigoux.

Haut., 0.180; larg., 0.250.

POUSSIN (N.)

392 — Saint François d'Assise prêchant.

A la plume et lavis de sépia. Collection J. Gigoux.

Haut., 0.245; larg., 0.135.

POUSSIN (N.)

393 — Triomphe de Bacchus enfant.

A la plume, de forme ovale. Collection J. Gigoux.

Haut., 0.160 ; larg., 0 200.

POUSSIN (N.)

394 — Vénus et Adonis.

Dessin à la sépia, rehaussé de blanc, de forme ovale. Collection J. Gigoux.

Haut., 0.215 ; larg., 0.140.

POUSSIN (N.)

395 — Flore. Figure en pied, vue jusqu'aux genoux.

A la plume et lavis de bistre. Collection J. Gigoux.

Haut., 0.360 ; larg., 0.265.

POUSSIN (N.)

396 — Bacchanale.

A la plume et lavis de sépia. Collection J. Gigoux.

Haut., 0.175 ; larg., 0.230

POUSSIN (N.)

397 — Cheval marin, d'après un bas-relief antique.

Au lavis de bistre. Collection J. Gigoux.

Haut., 0.105; larg., 0.190.

POUSSIN (N.)

398 — Cavaliers romains entrant sous un portique;
statues et monuments dans le fond.

A la plume et lavis de bistre. Collection J. Gigoux.

Haut., 0.285; larg., 0.435.

POUSSIN (N.)

399 — Etudes de têtes et croquis. Dessin au recto
et au verso.

A la plume.

Haut., 0.130; larg., 0.200.

POUSSIN (N.)

400 — Paysage avec palais dans le fond.

A la plume et lavis d'encre de Chine, rehaussé de
blanc.

Haut., 0.250; larg., 0.310.

POUSSIN (N.)

401 — Monuments de Rome.

A la plume et lavis de sépia. Collection J. Gigoux.

Haut., 0.175; larg., 0.275.

PUGET (P.)

402 — Groupe pour un monument.

A la plume et lavis d'encre de Chine. Collection Triquetti.

Haut., 0.305; larg., 0.225.

PRUD'HON (P.-P.)

403 — Daphnis cherchant une cigale.

Beau dessin au crayon noir, rehaussé de blanc, sur papier bleu. A été gravé par Roger, dans l'édition in-4° de *Daphnis et Chloé*, de Didot. Collection Mahérault.

Haut., 0.185; larg., 0.140.

PRUD'HON (P-P.)

404 — Figure de femme debout, représentant la Victoire.

Beau dessin au crayon noir, rehaussé de blanc, sur papier de couleur.

Haut., 0.345; larg., 0.230.

PRUD'HON (P.-P.)

405 — L'Hiver.

Étude pour son tableau. Au crayon noir rehaussé de blanc, sur papier bleu. Collection Marcille.

Haut., 0.160; larg., 0.115.

PRUD'HON (P.-P.)

406 — Minerve debout entre deux lions.

A la pierre noire, rehaussé de blanc, sur papier bleu, de forme ovale.

Haut., 0.085; larg., 0.065.

PRUD'HON (P.-P.)

407 — L'Astronomie représentée par quatre amours qui étudient la boule du monde ; de chaque côté un masque de femme.

Joli dessin au crayon noir, sur papier bleu, rehaussé de blanc.

Haut., 0.085; larg., 0.155.

PRUD'HON (P.-P.)

408 — Andromaque implorant Oreste.

Très beau dessin au crayon noir sur papier de couleur.

Haut., 0.390; larg., 0.500.

PRUD'HON (P.P.)

409 — Groupe d'instruments de musique.

Beau dessin au crayon noir, rehaussé de blanc, sur papier bleu.

Haut., 0.165; larg., 0.130.

PRUD'HON (P.-P.)

410 — Etudes de têtes de divers caractères.

Quatre dessins à la plume et mine de plomb.

PRUD'HON (P.-P.)

411 — Académie d'homme nu.

Beau dessin à la pierre noire, rehaussé de blanc, sur papier bleu.

Haut., 0.610; larg., 0.430.

PRUD'HON (P.-P.)

412 — Portrait de Charlotte Corday.

Beau dessin aux trois crayons, sur papier teinté.

Haut., 0.450; larg., 0.340.

PRUD'HON (P.-P.)?

413 — Le Triomphe de Vénus.

Aux crayons noir et blanc, sur papier bleu.

Haut., 0.215; larg., 0.142.

RAFFET

414 — Factionnaire au port d'arme.

Au lavis de bistre, rehaussé de blanc.

Haut., 0.150; larg., 0.110.

RAFFET

415 — Extramuros da Cuasta, Valencia, 26 juillet.

Porta da Serrano, Valencia, 28 juillet.

Deux dessins à la mine de plomb et lavis d'encre de Chine et d'aquarelle. A gauche un timbre où on lit : *Raffet*. (*San Donato*.)

REGNAULT (h.)

416 — Palais d'Orient.

Aquarelle. Signée.

Haut., 0.620; larg., 0.480.

RIGAUD (hyacinthe)

417 — Portrait d'un magistrat assis et vu à mi-jambes.

Au lavis de sépia, rehaussé de blanc, à la gouache. Collection J. Gigoux.

Haut , 0.275; larg., 0.245.

RIGAUD (H)

418 — Portrait de femme âgée. Elle est représentée
à mi-corps tenant un livre de la main droite ;
un voile noir posé sur sa tête retombe sur ses
épaules.

Au lavis d'encre de Chine, rehaussé de blanc.

Haut., 0.155; larg., 0.130.

RIGAUD (H.)

419 — Portrait d'homme, vu de face.

Aux trois crayons.

Haut., 0.325; larg., 0.245.

ROUSSEAU (TH.)

420 — Paysage avec rivière; dans le fond un village.

A la plume et lavis d'encre de Chine.

Haut., 0.170; larg., 0.240.

SAINT-AUBIN (G. DE)

421 — L'Enlèvement des Sabines; au verso, Jupi-
ter et Vénus.

Au crayon noir et estompe. Collection J. Gigoux.

Haut., 0.193; larg., 0.155.

SAINT-AUBIN (G. DE)

422 — Scène de Médée.

Au crayon noir et mine de plomb.

Haut., 0.110; larg., 0.105.

SAINT-AUBIN (G. DE)

423 — Portrait de jeune femme.

A l'estompe, légèrement coloré au pastel.

Paysage avec personnages auprès de constructions en ruines.

Aquarelle.

Un Repas, croquis au verso.

Au crayon noir sur papier gris. Trois dessins de la collection J. Gigoux.

SAINT-AUBIN (G. DE)

424 — Jeune femme assise devant une table, dessinant.

A la pierre noire. Daté de février 1778.

Haut., 0.175; larg., 0.115.

SAINT-AUBIN (G. DE)

425 — Galerie d'un palais.

Au crayon noir.

Haut., 0.180; larg., 0.250.

SAINT-AUBIN (G. DE)

426 — Paysage; au premier plan, une écluse et un pêcheur à la ligne.

À la mine de plomb, sur vélin.

Haut., 0.123; larg., 0.166.

LE SUEUR (E.)

427 — Saint Bruno enlevé au ciel.

A la plume et crayon noir.

Haut., 0.120; larg., 0.190.

LE SUEUR (B.-N.)

428 — Sujets de l'histoire de Brandebourg.

Deux dessins à la sanguine, faisant pendants.

Haut., 0.100; larg., 0.100.

SWEBACH-DESFONTAINES (J.)

429 — La Collation. — Le Retour.

Deux dessins faisant pendants, à l'aquarelle, avec rehauts de gouache. Signés et datés de 1788.

Haut., 0.140; larg., 0.230.

VANLOO (CARLE)

430 — Portrait de femme en buste, de profil à gauche, avec manteau à capuchon sur les épaules.

Aux trois crayons.

Haut., 0.235; larg., 0.195.

WATTEAU (ANTOINE)

431 — Deux études de femmes assises, l'une joue de la mandoline, sur une même feuille.

Beau dessin aux trois crayons.

Haut., 0.270; larg., 0.295.

WATTEAU (ANT.)

432 — Deux études de mains, sur une même feuille.

A la sanguine, rehaussé de blanc.

Haut., 0.185; larg., 0.210.

WATTEAU (ANT.)

433 — Etude de femme à mi-corps, la poitrine découverte.

Aux trois crayons.

Haut., 0.130; larg., 0.130.

WATTEAU (ANT.)

434 — Etude d'homme nu, assis.

Au crayon noir et sanguine.

Haut., 0.280; larg., 0.200.

WATTEAU (ANT.)

435 — Etude d'homme en buste, pour un de ses tableaux.

Aux trois crayons.

Haut., 0.185; larg., 0.125.

WATTEAU (ANT.)

436 — Etude de deux bustes de femme, sur une même feuille.

A la pierre noire.

Haut., 0.135; larg., 0.210.

437 — Sous ce numéro, il sera vendu par lots deux portefeuilles de dessins de toutes les écoles et aussi quelques dessins encadrés.

MINIATURES & PASTELS

ÉCOLE FRANÇAISE, XVIIIe SIÈCLE

438 — Portrait de Mozart enfant.

Il est représenté à mi-corps, jouant du piano, en
habit rouge, les cheveux relevés et poudrés.

Pastel. Haut., 0.565; larg., 0.465.

ÉCOLE FRANÇAISE, XVIIIe SIÈCLE

439 — Jeune femme en buste, d'après Boucher.

Pastel. Haut., 0.475; larg., 0.400.

FOUQUET (J.)

440 — Le Baiser de Judas.

Miniature rehaussée d'or, dans un très beau
cadre en bois sculpté. Collection Timbal.

Haut., 0.195; larg., 0.150.

LA TOUR (M.-Q. DE)?

441 — Portrait d'homme.

En buste, vu de face et dirigé à droite, bonnet et habit rouges, bordés de fourrures.

Pastel. Haut., 0.560; larg., 0.425.

LA TOUR (M.-Q. DE)?

442 — Portrait d'homme.

En buste, dirigé à gauche. Perruque poudrée avec nœud en rubans tombant sur le cou. Cravate et jabot blanc avec gilet rouge, habit bleu.

Pastel. Haut., 0.540; larg., 0.440.

MARTIN (ÉLISA), 1844

443 — Portrait du pape Pie VII, d'après David.

Pastel. Haut., 0.590; larg., 0.475.

MECKEN (ISRAEL DE)

444 — L'*Ecce Homo*. Notre Sauveur est vu de face; à gauche, la Vierge et saint Jean à droite.

Peinture sur toile, sur fond rehaussé d'or.

Haut., 0 190; larg., 0.150.

MINIATURES DU XVᵉ SIÈCLE

445 — La Vierge donnant le sein à l'Enfant Jésus.

Le Sauveur du monde.

Deux miniatures dans un même cadre.

Haut., 0.120; larg., 0.080.

MINIATURE DU XVᵉ SIÈCLE

446 — Jésus et les pêcheurs; dans le fond, une porte de ville.

Miniature sur vélin.

Haut., 0.170; larg., 0.140.

MINIATURE DU XVᵉ SIÈCLE

447 — Le Christ en croix.

A gauche, la Sainte Vierge debout, à droite, saint Jean. La Madeleine, à genoux, embrasse le pied de la croix. Miniature sur vélin.

Haut., 0.180; larg., 0.140.

MINIATURES DU XVIᵉ SIÈCLE

448 — Les Mois de l'année.

Six miniatures dans un même cadre.

Haut., 0.080; larg., 0.055.

449 — Lettres ornées, encadrements de pages, etc.

Douze miniatures sur vélin.

MINIATURE DU XVIIIe SIÈCLE

450 — Armoiries d'une famille allemande.

Miniature sur vélin.

Haut., 0,290; larg., 0.165.

ROSALBA-CARRIERA

451 — Portrait de Gilles-Marie Oppenor.

En buste, dirigé à gauche, un bonnet de soie doublé, manteau à revers brodés.

Pastel. Haut., 0.470; larg., 0.340.

ESTAMPES

ALTDORFER (Albert)

452 — Neptune (B., 31). Superbe épreuve.

BEGA (C.)

453 — La Mère au cabaret, — L'Homme à la fenêtre, — Le Fumeur, etc. Huit pièces.

BEHAM (B. et H.-S.)

454 — Quatorze pièces de leurs œuvres. Anciennes épreuves.

BEHAM (H.-S.)

455 — Trajan (B., 82), — Didon (B., 80), L'Homme de douleurs (B., 26). Quatre pièces, dont une double.

BERGHEM (Nicolas)

456 — Animaux. Quatorze pièces par et d'après Berghem.

BOLSWERT (S.-A.)

457 — L'Annonciation, d'après Rubens. Épreuve avec l'adresse de G. Hendricx.

BOUCHER (F.)

458 — Amours mettant des oiseaux en cage (P. de B., 2). — Enfant dormant (3), — Buveurs de lait (4), — Montreur de marmotte (5). Quatre pièces. Belles épreuves.

CHARDIN (d'après J.-B.-S.)

459 — Le Bénédicité, par Lépicié. Bonne épreuve.

460 — La Petite fille au volant, par Lépicié. Belle épreuve.

COCHIN (N.) le père

461 — Moïse brisant les tables de la loi, — La Tentation de Saint-Antoine. Deux pièces. Belles épreuves.

462 — Les Noces de Cana, d'après Paul Véronèse. Belle épreuve.

COCHIN (d'après C.-N.)

463 — Concours pour le prix de l'étude des têtes et de l'expression, par J.-J. Flipart. Très belle épreuve, marge.

CRANACH (L.)

464 — Les deux ducs de Saxe (B., 2). Belle épreuve.

465 — Martin Luther (B., 5). Très belle épreuve.

466 — Venus accompagnée de l'Amour (B., 112 des gravures sur bois). Belle épreuve.

467 — Philippe Melanchton en pied (B., 153). Très belle épreuve; sur bois.

DEBUCOURT (P.-L.)

468 — Mgr le duc d'Orléans, in-4°, en couleur. Très belle épreuve.

DELACROIX (Eugène)

469 — Suite de lithographies pour illustration d'*Hamlet*. Quinze pièces. Très belles épreuves.

DELAUNE (Étienne)

470 — La Conversion de Saint-Paul, d'après J. Cousin (R. D., 63). Belle épreuve.

DURER (Albert)

471 — La Vierge allaitant l'enfant Jésus (B., 34). Très belle épreuve.

472 — Saint-Christophe à la tête retournée (B., 51). Très belle épreuve.

473 — Saint-Christophe (B., 52). Belle épreuve.

474 — La Sorcière (B., 76). Belle épreuve.

475 — L'Effet de la jalousie (B., 73). Très belle épreuve, sur papier à la grande couronne.

476 — La Grande fortune (B., 77). Superbe épreuve, sur papier à la grande couronne.

477 — La Justice (B., 79). Bonne épreuve.

478 — Les Offres d'amour (B., 93). Très belle épreuve.

479 — Le Petit cheval (B., 96). Très belle épreuve.

480 — Le Cheval de la mort (B., 98). Copie.

481 — Albert de Mayence, vu de profil (B., 103). Bonne épreuve.

482 — Pirckheimer (B., 106), — Erasme de Rotterdam (B., 107). Deux pièces.

DURER (ALBERT)

483 — Le Jugement dernier (B., 52, de la petite passion), — Saint Jérôme dans sa cellule (B., 114). Deux pièces. Très belles épreuves.

484 — Les Armoiries de la famille Pomer (B., 53). Belle épreuve.

DUVET (JEAN)

485 — Poison et Contrepoison (B., 161). Bonne épreuve.

DYCK (ANT. VAN)

486 — P. Breugel, — F. Snyders, — J. de Momper. Trois portraits, anciennes épreuves sur papier à la folie.

DYCK (d'après ANT.)

487 — Portraits de l'*Iconographie de Van Dyck*, par et d'après lui. Dix-neuf pièces.

FICQUET (ÉTIENNE)

488 — Molière (J.-B. Poquelin de), d'après Coypel. Très belle épreuve.

489 — Montaigne (Michel de), d'après Dumonstier. Belle épreuve.

FLAMEN (ALBERT) ET CALLOT

490 — Le Village de Chastillon du costé de Bagneux, — Vue du grand Canal de Longuetoise, — La Possédée. Trois pièces.

FRAGONARD (d'après H.)

491 — La Bonne mère, par N. Delaunay. Belle épreuve.

GHISI (Georges)

492 — Les Angles de la chapelle sixtine au Vatican, d'après Michel-Ange. B., 17-22, suite de six pièces. Très belles épreuves.

GOYA (F.)

493 — Les Caprices. Suite de quatre-vingts pièces en 1 vol. petit in-folio, demi-rel. bas. Très bel exemplaire en anciennes épreuves.

GREUZE (d'après J.-B.)

494 — Etude du tableau de *la Dame de charité*, faite d'après Mme Greuze, par Massard. Très belle épreuve.

HENRIQUEL-DUPONT

495 — Molière, d'après Ingres. Epreuve sur chine.

HOPFER (Daniel)

496 — Le Centenier perçant d'une lance le corps mort de Jésus-Christ (B., 14). Très belle épreuve.

HUET (J.-B.)

497 — Etudes de têtes d'animaux. Huit pièces gravées à l'eau-forte. Belles épreuves.

IODE (P. de)

498 — Béatrix de Cusance, princesse de Cantecroix, d'après Van-Dyck. Très belle épreuve du premier état.

LANCRET (d'après N.)

499 — A femme avare galant escroc, par de Larmessin. Très belle épreuve avant l'adresse de Buldet. Marge.

LANCRET (d'après N.)

500 — Les deux amis, par de Larmessin. Très belle épreuve avant l'adresse de Buldet. Marge.

501 — Nicaise, par de Larmessin. Très belle épreuve avant l'adresse de Buldet. Marge.

502 — *Que le cœur d'un amant est sujet à changer !* par S. Silvestre le Moine. Belle épreuve.

LAVREINGE (d'après N.)

503 — Le Coucher des ouvrières en modes, par Dequevauviller. Bonne épreuve.

504 — Les Sabots, par L. J. Masquelier. Epreuve à l'état d'eau-forte.

LEYDE (Lucas de)

505 — Le Baptème de Jésus Christ (B., 40), — La prise de Jésus-Christ (B., 45), — Jésus-Christ présenté au peuple (B., 50), — Couronnement d'épines (B., 69), — Jésus-Christ présenté au peuple (B., 70), — Jésus-Christ apparaissant à Madeleine sous la figure d'un jardinier (B., 77), — Saint Pierre et saint Paul (B., 106). Sept pièces.

506 — La Vierge debout sur un croissant, dans une niche (B., 81). Très belle épreuve, mais restaurée.

507 — Saint Jérône (B., 112). Très belle épreuve.

508 — Portrait d'un jeune homme (B., 174). Belle épreuve

MAITRE AU DÉ

509 — Apollon tuant le serpent python (B., 19). — Sacrifice à Priape (B., 27). — Vénus et l'amour plaidant leur cause devant les dieux de l'Olympe (B., 68). Trois pièces. Très belles épreuves.

MAITRE AU MONOGRAMME J. G.

510 — L'Amour (R. D., 14), — Les Danseuses (R. D., 19). Deux pièces, la seconde est un peu rognée à droite.

MARTINI (P.-A.)

511 — Exposition au salon du Louvre en 1787. Belle épreuve.

MEER (JEAN VANDER),

512 — La Brebis debout (B., 2). Belle épreuve.

MOREAU (d'après L.)

513 — Le Villageois entreprenant, pas Patas. Très belle épreuve avant la lettre.

MOREAU (d'après J.-M.)

514 — L'Accord parfait, par Helman. Très rare épreuve à l'état d'eau-forte. Un peu tachée.

515 — La Beauté sans apprets, par P. Moithey. Belle épreuve. Rare.

516 — Procession en l'honneur de la déesse Isis. Gravé par Giraud. Rare épreuve à l'état d'eau-forte.

517 — Réception de Mirabeau aux Champs-Elysées, par Masquelier. Très rare épreuve à l'état d'eau-forte. Toute marge.

518 — Arrivée de J.-J. Rousseau aux Champs-Elysées, — Les Précautions, — C'est un fils Monsieur ! Trois pièces.

MORET

519 — Louis d'*Assas*, capitaine au régiment d'Auvergne. In-4° en couleur. Belle épreuve.

MORIN (J.)

520 — Philippe II, roi d'Espagne, d'après Titien (R. D., 71).
Belle épreuve.

NANTEUIL (Robert)

521 — Mazarin (le Cardinal), d'après Mignard (R. D., 187).
Bonne épreuve.

NATTIER (d'après)

522 — La nuit passe, l'aurore paraît, par Maleuvre. Très
belle épreuve, marge.

OSTADE (Adrien Van)

523 — Le Charcutier (B. 41), — La Famille (B. 46), — La
Tendresse champêtre (B. 11). Trois pièces. Belles et
anciennes épreuves.

OUDRY (d'après J.-B.)

524 — Chasses et sujets divers. Huit pièces.

525 — Vignettes in-fol., par divers graveurs, pour illustration
des *Fables de Lafontaine*. Cinquante pièces.

PONTIUS (Paul)

526 — Le prince Thomas de Savoie, d'après Van Dyck, in-fol.
Belle épreuve.

POTTER, RUISDAEL, FYT et OSTADE

527 — Le Vacher (B. 14), — Le Pont de bois, — Les Chiens,
— La Fête sous le grand arbre. Cinq pièces.

PRUD'HON

528 — Enlèvement d'Europe, — La Grotte, par Mˡˡᵉ A. Bleuse.
Deux pièces.

PRUD'HON ET Mlle MEYER (d'après)

529 — L'Amour séduit l'Innocence, le Plaisir l'entraîne, le Repentir suit, — L'Innocence préfère l'Amour à la Richesse. Deux pièces faisant pendants, gravées par Roger. Très belles épreuves avant la lettre, marge.

RACINET

530 — L'Ornement Polychrome. Cent planches en couleurs or et argent... *Recueil historique et pratique*, publié sous la direction de M. A. Racinet. 2ᵉ édition. Paris, Didot, in-fol., en portefeuille.

RAIMONDI (MARC-ANTOINE)

531 — Le Seigneur et la Dame, d'après Durer (B. 652), — Mars, Vénus et l'Amour (B. 345). Deux pièces.

REMBRANDT (H. VAN RYIN)

532 — Portrait de Rembrandt, appuyé (B. et Cl. 21). Belle épreuve, rognée du haut.

533 — Le Triomphe de Mardochée (B. 40). Cl. 44. Très belle épreuve.

534 — Jésus chassant les vendeurs du Temple (B. 69). Cl. 73. Belle épreuve du premier état.

535 — Jésus-Christ en croix entre les deux larrons (B. 79). Cl. 84. Très belle épreuve.

536 — Les Disciples d'Emmaüs (B. 87). Cl. 91. Belle épreuve.

537 — Le Retour de l'Enfant prodigue (B. 91). Cl. 95. Belle épreuve.

538 — Pierre et Jean à la porte du Temple (B. 94). Cl. 96. Belle épreuve.

539 — La Mort de la Vierge (B. 99). Cl. 102. Ancienne épreuve.

REMBRANDT (H. Van Ryn)

540 — Paysan déguenillé, les mains derrière le dos (B. 172). Cl. 169. Belle épreuve.

541 — Gueux estropié (B. 179). Cl. 176. Belle épreuve.

542 — Femme nue dormant (B. 204). Cl. 201. Très belle épreuve.

543 — Portrait de Jean Antonides Vander Linden (B. 264). Cl. 261. Très belle épreuve.

544 — Vieillard à barbe carrée (B. 265). Cl. 262. Très belle épreuve.

545 — Le même portrait. Très belle épreuve avec une petite marge.

546 — Silvius (Janus), ministre d'Amsterdam (B. 266). Cl. 263. Très belle épreuve.

547 — Renier Ansloo (B. 271). Cl. 268. Très belle épreuve.

548 — Jean Lutma (B. 276). Cl. 273. Très belle épreuve portant, au verso, la signature de : P. Mariette, 1652.

549 — Homme en cheveux (B. 289). Cl. 286. Superbe épreuve.

550 — Vieillard à grande barbe (B. 290). Cl. 287. Belle épreuve.

551 — Tête d'homme chauve (B. 292). Cl. 289. Belle épreuve du troisième état.

552 — Vieillard à grande barbe blanche (B. 309). Cl. 305. Très belle épreuve.

553 — Homme avec chapeau à grand bord (B. 311). Cl. 307. Très belle épreuve.

554 — Hommes à moustaches et grand bonnet (B. 321). Cl. 314. Belle épreuve.

555 — Tête grotesque (B. 326). Cl. 319. Belle épreuve.

REMBRANDT (H. Van Ryin)

556 — La Petite mariée Juive (B. 342). Cl. 332. Superbe épreuve. Rare.

557 — Vieille femme assise (B. 343). Cl. 333. Très belle épreuve.

558 — Vieille femme assise (B. 344). Cl. 334. Bonne épreuve

559 — Buste de la mère de Rembrandt (B. 349). Cl. 339. Belle épreuve.

560 — Vieille à bouche pincée (B. 352). Cl. 342. Belle épreuve.

561 — Feuille avec six têtes, au milieu desquelles est le portrait de la femme de Rembrandt (B. 365). Cl. 335. Superbe épreuve.

562 — Recueil de quatre-vingt-cinq estampes originales, têtes, paysages et différents sujets, dessinés et gravés par Rembrandt, et trente-cinq autres estampes, la plupart gravées d'après différentes pièces de ce célèbre artiste. A Paris, chez Basan. 1 vol. in-fol., cart.

563 — Quarante-cinq pièces de son œuvre, originaux et copies.

564 — Portrait de Rembrandt, gravé à la manière noire. Très belle épreuve avant toute lettre.

RENI (Guido)

565 — La Vierge, l'Enfant Jésus et saint Jean (B. 6), — Sainte Famille (B. 10). Deux pièces. Belles épreuves.

RIBERA (Joseph)

566 — Martyr de saint Barthélemy (B. 6). Belle épreuve.

567 — Saint Jérome (B. 4), — Saint Pierre (B. 7). Deux pièces.

ROSA (SALVATOR)

568 — Albert, compagnon de saint Guillaume, se suspendant par les bras à un arbre (B. 2). Belle épreuve.

RUBENS (d'après)

569 — Apothéose de Jacques Ier, roi de la Grande-Bretagne. Suite de trois pièces gravées par Gribelin (B. 12. Histoire et All.) Très belles épreuves.

570 — La Vieille à la chandelle. Belle épreuve.

SADELER (J. ET G.)

571 — La Vierge assise dans une chambre, travaillant, — Portraits du Tasse et de Marquart Preher. Trois pièces. Belles épreuves.

SAINT-AUBIN (AUG. DE)

572 — Les différents jeux des petits polissons de Paris. Six pièces.

DU SART (CORNEILLE)

573 — Le Violon assis (B. 15), — La fête du village (B. 16) — Le Cordonnier (B. 14). Trois pièces.

SAVRY (S.)

574 — Portrait de Regnier Wybrand Wybma, in-fol. Très belle épreuve, signée au verso : P. Mariette, 1689.

SCHMIDT (G. F.)

575 — Portrait de Schmidt, dessinant. Très belle épreuve.

576 — Portrait de Schmidt, tenant un porte-crayon. Très belle épreuve.

SCHMIDT (G.-F.)

577 — La mère de Rembrandt, les mains jointes (Cl. 3). Très belle épreuve.

578 — Portrait de la mère de Rembrandt assise. (Cl. 4). Très belle épreuve.

579 — Portrait d'un jeune seigneur, d'après Rembrandt (Cl. 19) Très belle épreuve, marge.

580 — Les deux amis, d'après Ostade. Très belle épreuve.

SCHONGAUER (M.)

581 — Jésus à la montagne des Oliviers (B. 9), — La Prise de Jésus-Christ (B. 10). Deux pièces.

582 — Jésus-Christ devant le grand-prêtre (B. 11). Très belle épreuve, avec une petite marge.

SUYDERHOEF (Jonas)

583 — L'Assemblée des plénipotentiaires ratifiant le traité de paix de Munster, d'après G. Terburg. Épreuve de la plus grande beauté, avec marges. Très rare en aussi bel état de conservation. Collection Behague.

584 — *Spanheim* (Frédéric), d'après Dubordieu (83). Très belle épreuve du premier état, avec l'adresse de Banheining.

585 — Hoernbeeck (Jean) (40). Belle épreuve du deuxième état, avec l'adresse de P. Goos.

586 — Wikenburg (97). Superbe épreuve du premier état.

TÉNIERS (David)

587 — Les deux amants. Belle épreuve.

TIÉPOLO (G.-B.)

588 — Caprices. Dix pièces et un titre. Belles épreuves.

VELDE (ADRIEN VAN DE)

589 — Les deux vaches au pied d'un arbre (B. 13), — La vache et les deux moutons au pied d'un arbre (B. 11), — Le Bœuf pie et les trois moutons (B. 12). Trois pièces. Belles épreuves.

590 — Les mêmes pièces. Belles épreuves.

VISSCHER (CORNEILLE)

591 — La Bohémienne (44). Très belle épreuve avec l'adresse de Clément de Jonghe.

592 — L'Antiquaire, d'après le Corrège (52). Superbe épreuve du premier état avant les inscriptions.

593 — *Scriverius* (Petrus) Très belle épreuve.

594 — Joannes *Merius*, in-fol. Belle épreuve.

VOLPATO (J.)

595 — Zacherias propheta, — Ioel propheta. Deux pièces d'après Michel-Ange. Belles épreuves.

VORSTERMAN (LUCAS)

596 — Nicolas Rockox, d'après Van Dyck. Superbe épreuve avant la lettre dans la marge et sur le buste à gauche, et avant les médaillons. Rare.

WATTEAU (d'après ANT.)

597 — Antoine de la Roque, par Lépicié. Très belle épreuve.

598 — Les Comédiens Italiens, par F. Boucher. Epreuve avant la lettre.

WATTEAU (d'après ANT.)

599 — Le Dénicheur de Moineaux, par Boucher. Très belle épreuve. Marge.

600 — L'Escarpolette, par Boucher. Belle épreuve du premier état.

601 — Sous ce numéro, il sera vendu deux portefeuilles d'estampes de toutes les écoles, parmi lesquelles une grande partie de l'œuvre de J.-J. de Boissieu.

Imprimerie PILLET et DUMOULIN, rue des Grands-Augustins, 5, à Paris.